essentials

essentials liefern aktuelles Wissen in konzentrierter Form. Die Essenz dessen, worauf es als „State-of-the-Art" in der gegenwärtigen Fachdiskussion oder in der Praxis ankommt. *essentials* informieren schnell, unkompliziert und verständlich

- als Einführung in ein aktuelles Thema aus Ihrem Fachgebiet
- als Einstieg in ein für Sie noch unbekanntes Themenfeld
- als Einblick, um zum Thema mitreden zu können

Die Bücher in elektronischer und gedruckter Form bringen das Expertenwissen von Springer-Fachautoren kompakt zur Darstellung. Sie sind besonders für die Nutzung als eBook auf Tablet-PCs, eBook-Readern und Smartphones geeignet. *essentials*: Wissensbausteine aus den Wirtschafts-, Sozial- und Geisteswissenschaften, aus Technik und Naturwissenschaften sowie aus Medizin, Psychologie und Gesundheitsberufen. Von renommierten Autoren aller Springer-Verlagsmarken.

Weitere Bände in der Reihe http://www.springer.com/series/13088

Werner Inderbitzin

Führung an Hochschulen aktiv gestalten

Eine praxisorientierte Einführung für Leitungspersonen

Werner Inderbitzin
Zürich, Schweiz

ISSN 2197-6708   ISSN 2197-6716 (electronic)
essentials
ISBN 978-3-658-23134-7   ISBN 978-3-658-23135-4 (eBook)
https://doi.org/10.1007/978-3-658-23135-4

Die Deutsche Nationalbibliothek verzeichnet diese Publikation in der Deutschen Nationalbibliografie; detaillierte bibliografische Daten sind im Internet über http://dnb.d-nb.de abrufbar.

Springer ist ein Imprint der eingetragenen Gesellschaft Springer Fachmedien Wiesbaden GmbH und ist ein Teil von Springer Nature
Die Anschrift der Gesellschaft ist: Abraham-Lincoln-Str. 46, 65189 Wiesbaden, Germany

Was Sie in diesem *essential* finden können

- Einen schnellen Zugang zu einer breiten Palette von Führungsfragen im Kontext einer Hochschule.
- Die wichtigsten und grundsätzlichen Regeln für die strategische Entwicklung von Hochschulen und die Führung von Veränderungsprozessen.
- Praktische Hinweise für die Findung von Entscheidungen und die Moderation von Konflikten in Hochschulen.
- Anregungen für die Gestaltung der Kommunikation nach innen und nach außen.
- Grundlegende Gedanken zum Thema der Selbstführung.

Vorwort

Führung von und an Hochschulen ist ein schwieriges Unterfangen. Allein der Begriff „Führung" löst bei vielen Angehörigen des Lehr- und Forschungsbetriebs Unwillen aus. Profitorientierte Unternehmen werden geführt – aber Hochschulen? Zwischen der Welt der Hochschulen und der Welt der Unternehmen gibt es große Unterschiede, und daraus wird vorschnell abgeleitet, dass Führung an Hochschulen keinen Platz habe.

Das ist ein Fehlschluss und man übersieht dabei, dass auch an Hochschulen immer eine bestimmte Art der Führung stattfindet. Die zugespitzte Frage „Warum braucht es überhaupt Führung an Hochschulen?" ist im Grunde eine Frage nach: „Welche Art von Führung soll es sein? Welcher Führungsstil ist Hochschulen angemessen, welcher nicht?"

Der vorliegende Text ist nicht das Ergebnis von wissenschaftlichen Untersuchungen. Er ist geschrieben vor dem Hintergrund von Erfahrungen, die ich in meiner Führungsarbeit in Hochschulen selber machen konnte oder nahe miterlebt habe. Oft sind es Erkenntnisse aus Handlungen, die sich im Nachhinein als falsch erwiesen haben! Als praxisorientierte Einführung ist er geschrieben für Kolleginnen und Kollegen, die im Hochschulumfeld – allein oder in einem Leitungsgremium – arbeiten und Verantwortung tragen für die Entwicklung ihrer Organisation. Die geäußerten Gedanken erheben nicht den Anspruch auf Allgemeingültigkeit, sie sollen vielmehr anregen zu weiterführenden Überlegungen und die konkrete Arbeit in der Praxis unterstützen.

Viele Überlegungen in diesem Text sind durch den Austausch mit Kolleginnen und Kollegen aus dem Hochschulbereich entstanden, vor allem im Umfeld von

Weiterbildungsveranstaltungen des Vereins Higher Education Management der Fachhochschulen und Pädagogischen Hochschulen der Schweiz.

Besonders danken möchte ich Urs Alter für die professionelle und sorgfältige Durchsicht des Manuskriptes und zahlreiche Hinweise.

Zürich   Werner Inderbitzin
im Sommer 2018

Inhaltsverzeichnis

1   **Einleitung**   1

2   **Leadership in Hochschulen**   3

3   **Die Institution entwickeln**   7
     3.1   Richtung geben durch Strategien   7
     3.2   Den Strategieprozess führen   9
     3.3   Den Kontext verstehen   11
     3.4   Ad-hoc-Strategien erkennen und selber zur
           Verfügung haben   12
     3.5   Menschen gewinnen und begeistern   14

4   **Veränderungen führen und lenken**   17
     4.1   Entwicklungen anleiten   17
     4.2   Höchstleistungen ermöglichen   19
     4.3   Mut zur Ausnahme   20

5   **Entscheidungen treffen**   23
     5.1   Gremien moderieren   23
     5.2   Entscheidungen treffen und umsetzen   24

6   **Konflikte moderieren und lösen**   27
     6.1   Emotionale Treiber und persönliche Aussprache   27
     6.2   Der Chef als Mediator   28
     6.3   Loyalitätskonflikte   30

7 Kommunikation aktiv gestalten 33
    7.1 „Leadership ist Kommunikation" 33
    7.2 Kommunikation nach außen 35

8 Sich selber führen 37

9 Sich austauschen und unterstützen lassen 43

Literatur 47

Über den Autor

Werner Inderbitzin, Dr. oec. publ., war von 1998 bis 2011 in verschiedenen Leitungspositionen an Fachhochschulen tätig. Von 2001 bis 2007 war er Rektor der Zürcher Hochschule Winterthur und von 2005 bis 2011 Gründungsrektor der Zürcher Hochschule für Angewandte Wissenschaften. Er ist heute Mitglied des Schweizerischen Akkreditierungsrates und Mitglied des Stiftungsrates der Ecole Hotelière Lausanne. Als Coach und Berater begleitet er Personen und Veränderungsprojekte im Hochschulbereich.

Einleitung 1

Dschung Gung fragte den Meister um Rat in Beziehung auf die Grundsätze der Regierung. Der Meister sprach: „Die größte Gefahr ist, alles selber machen zu wollen; vielmehr soll der Regent in allen Detailfragen den zuständigen Instanzen die Initiative lassen. Kleine menschliche Schwächen muss man übersehen, aber um so strenger darauf halten, dass die Leute, die man an der Hand hat, zuverlässig und ihrer Aufgabe gewachsen sind".

Konfuzius. Gespräche Kapitel XIII, Abschn. 2
Übersetzung von Richard Wilhelm (1975) Düsseldorf/
Köln (Eugen Diederichs Verlag).

Führung ist wesentlich bestimmt durch die Art und Weise, wie leitende Personen ihre Funktionen wahrnehmen und ausfüllen. Für Hochschulen besteht eine besondere Herausforderung darin, Menschen aus dem akademisch-wissenschaftlichen Lehr- und Forschungskörper für Führung zu sensibilisieren, zu motivieren und sie mit den Anforderungen hierfür vertraut zu machen. Führung an Hochschulen unterscheidet sich zwar nicht grundsätzlich von Führung in Unternehmen, aber erfordert doch von Führungspersonen eine hohe Sensibilität für die Besonderheiten der Institution „Hochschule".

An Hochschulen ist man höchst skeptisch gegenüber einer Top-down-Führung, gegenüber Hierarchien und gegenüber direktiven Anweisungen. Generell sind Führungsinstrumente, welche in der Wirtschaft Anwendung finden, im Urteil von Hochschulangehörigen suspekt. Traditionell bevorzugen Hochschulen Führungsmodelle, die auf dem Diskurs und der Meinungsbildung unter allen Hochschulangehörigen aufsetzen. Entscheidungen werden nicht

© Springer Fachmedien Wiesbaden GmbH, ein Teil von Springer Nature 2019
W. Inderbitzin, *Führung an Hochschulen aktiv gestalten*, essentials,
https://doi.org/10.1007/978-3-658-23135-4_1

durch Leitungsorgane, sondern durch Mehrheiten an der Basis getroffen, selbstbestimmend und autonom.

Diese Art der Organisation einer autonomen, sich selbst verwaltenden Hochschule, eine Art Gelehrtenrepublik, die primär aus und mit sich selbst lebt, ist in den vergangenen 20 Jahren zunehmend infrage gestellt worden. Die Gründe dafür sind vielfältig und nicht Gegenstand dieses Textes. Die Reflexion über Änderungen in der Governance und die daraus folgenden strukturellen und organisatorischen Konsequenzen haben in einer reichhaltigen Literatur ihren Niederschlag gefunden.[1] Für Personen, die aktuell in der Führungsverantwortung stehen, sind diese grundsätzlichen Einsichten interessant und anregend. Für die tägliche Arbeit mit ihren herausfordernden, konkreten Problemstellungen braucht es aber eine viel konkretere Landkarte mit Hinweisen, Gefahrensignalen und Angaben zu möglichen (Aus-)Wegen. Diesem Anliegen ist die vorliegende Schrift gewidmet. Sie thematisiert die Herausforderung, der sich Führung in einer Organisation von „professionals" gegenübersieht, also den Umgang mit Personen, die in ihrem jeweiligen Fach eine hohe fachliche Kompetenz aufweisen, sich im dialektischen Diskurs wohlfühlen und keine Anordnungen akzeptieren, die nur durch die Hierarchiestufe gestützt werden.

Das Kap. 2 des vorliegenden *essentials* beschäftigt sich mit dem Begriff Leadership, wahrgenommen durch Einzelpersonen oder Gremien. In den Kap. 3 und 4 geht es um die Entwicklung der Institution Hochschule und die Herausforderungen, einen Veränderungsprozess zu moderieren. Kap. 5 befasst sich mit Entscheidungsfindung. Der Umgang mit und die Lösung von Konflikten sind Thema des Kap. 6. Kommunikation nach innen und nach außen ist Gegenstand des Kap. 7. Die Wahrnehmung, Entwicklung und Unterstützung der eigenen Person ist Thema der Kap. 8 und 9.

---

[1]Für eine neuere und kritische Darstellung dieser Entwicklung siehe Loprieno, A. (2016).

Leadership in Hochschulen 2

An Hochschulen ist es üblich, dass über wissenschaftliche Themen, aber auch über Fragen der Hochschulentwicklung intensiv und breit diskutiert wird. Diese Diskussionskultur hat Tradition und sie ist gewissermaßen ein Teil der DNA einer Hochschule. Wenn also alles und jedes breit diskutiert, abgewogen, verworfen und wieder erwogen wird – was soll Leadership in Hochschulen sein?

Diskurse sind Hochschulen immanent und müssen immer geführt werden – in Instituten, in der Fakultät, im Senat, in der Hochschulleitung! Aber es ist offenkundig, dass die traditionellen Formen einer Hochschulführung, basierend auf einem breiten Diskurs unter allen Hochschulangehörigen in der Hochschulversammlung oder im Senat, wo der Rektor lediglich eine Rolle als Vorsitzender spielt, ohne jegliche Anordnungskompetenz, nur noch stark abgeschwächt vorkommen. In zahlreichen Hochschulen wurden in den vergangenen Jahren Hochschulverfassungen und -gesetze reformiert und Governance-Regeln geändert, indem man Leitungsorgane oder einen Rektor/eine Rektorin[1] mit direktiven Kompetenzen einsetzte und von diesen Führungsorganen auch verlangte, dass sie die Hochschule nach Grundsätzen der modernen Unternehmensführung leiten.

Ein Paradigmenwechsel, der nicht immer erfolgreich war! Nicht selten sind Personen oder Gremien, welche die ihnen übertragenen Kompetenzen auch wirklich ausüben wollten, am entschlossenen Widerstand der Basis gescheitert. Offenkundig war und ist es nicht so einfach möglich, Führungsmodelle, die sich in profitorientierten Unternehmen bewährt haben, auf Hochschulen zu übertragen. In zahlreichen Hochschulen ist deshalb in den vergangenen Jahren auch intensiv

---

[1]Aus Gründen der Lesbarkeit wird in diesem *essential* in der Regel auf die korrekte Verwendung der männlichen und weiblichen Form verzichtet.

© Springer Fachmedien Wiesbaden GmbH, ein Teil von Springer Nature 2019 3
W. Inderbitzin, *Führung an Hochschulen aktiv gestalten*, essentials,
https://doi.org/10.1007/978-3-658-23135-4_2

um adäquate Formen einer hochschulgerechten Führung gerungen worden. Umso wichtiger ist es, über Formen und Stile von Leadership in Hochschulen nachzudenken und passende Formate zu finden (Truniger 2017; Hanft und Maschwitz 2017).

Vordergründig könnte man unter Leadership nur die englische Übersetzung des deutschen Begriffs Führung in die englische Sprache verstehen. Im Verständnis der internationalen Forschung zum Thema Leadership wäre das aber zu kurz gegriffen. Dies ist auch daran ersichtlich, dass der Anglizismus „Leadership" in deutschsprachigen Texten als eigenständige Begrifflichkeit verwendet wird (Böhmer 2014; Sprenger und Novotny 2016).[2]

Leadership beinhaltet die Fähigkeit, Menschen anzuleiten, zu unterstützen und zu ermutigen gemeinsame Ziele zu erreichen. Leadership fokussiert auf die personale Führung und umfasst in der Regel folgende Elemente:

- Entwickeln einer gemeinsamen Vision,
- Einfluss nehmen auf die Organisation und deren Angehörige,
- Übereinkommen erzielen und Entscheide treffen über gemeinsame Ziele,
- deren Erreichung erleichtern und unterstützen sowie
- innerhalb und außerhalb der Organisation kompetent und überzeugend kommunizieren.

Im Rahmen dieses Ansatzes wird in der wissenschaftlichen und populär-wissenschaftlichen Literatur extensiv diskutiert, was es braucht, um eine herausragende Führungsperson zu sein. Neben Sach- bzw. Branchenkenntnissen und analytischen Fähigkeiten werden für Personen in Leadership-Positionen oft persönlichkeitsbezogene Kompetenzen und Eigenschaften gefordert. Leader sollen visionär und authentisch sein, Querdenker mit Innovationskraft, können Beziehungen zu ihren Mitarbeitenden gestalten und sind „anfassbar" für sie, gleichzeitig aber speziell und herausragend. Die Vielfalt und Reichweite von entsprechenden Anforderungen, die in der Literatur genannt werden, sind groß und oft auch etwas beliebig. Es ist deshalb nicht überraschend, dass diese Idealbilder eines Leaders in der allgemeinen Führungspraxis nur selten erreicht werden.

Leadership ist zu unterscheiden von Management. Management beschäftigt sich mit der Allokation von knappen Ressourcen in einer Organisation, den Prioritäten, der Gestaltung von Abläufen und deren Überwachung. Management ist

---

[2]Yukl, G. (2013) enthält eine umfassende Darstellung der Dimensionen von Leadership.

höchstens ein Teilaspekt der Führung. Idealerweise verstehen Führungspersönlichkeiten die Konzepte und Instrumente der Managementlehre, Leadership ist aber weit mehr als Management (siehe hierzu Kotter 1990; McCaffery 2010, Kap. 3).

Leadership an Hochschulen kann durch einzelne Personen oder auch durch Leitungsgremien, bestehend aus mehreren Personen, ausgeübt werden. Charismatische Leader-Persönlichkeiten sind an Hochschulen nicht die Regel, es gibt sie aber durchaus und entsprechend aufmerksam werden sie in der Öffentlichkeit wahrgenommen.

In der Literatur wird Leadership, wahrgenommen durch Leitungsgremien, kaum behandelt. Leadership durch eine Gruppe von mehreren Personen ist in der Privatwirtschaft wenig verbreitet, spielt aber in Hochschulen eine nicht zu unterschätzende Rolle. Es ist leicht einzusehen, dass die Anforderungen an ein Leitungsgremium, im Sinne von Leadership in der Organisation zu wirken, anspruchsvoll sind. Ein Gremium muss eine ausgeprägte Fähigkeit entwickeln, mit Meinungsverschiedenheiten umzugehen und zu allgemein akzeptierten Konklusionen zu kommen, daraus eine „unité de doctrine" abzuleiten und diese mit hoher Disziplin nach außen zu vertreten. Je größer die Anzahl Personen ist, welche einem Leitungsgremium angehören, desto weniger werden diese Bedingungen erfüllt werden können. Leadership werden deshalb wohl nur Gremien entfalten können, die aus einigen wenigen (drei bis fünf) Personen bestehen und deshalb leichter als homogene Gruppe auftreten können.

Wenn im vorliegenden Text der Begriff Leitungsorgan verwendet wird, kann dies sowohl eine einzelne Person als auch ein Mehrpersonen-Gremium sein. Wenn von Leitenden die Rede ist, sind Personen gemeint, die in irgendeiner Weise Führungsverantwortung tragen, entweder als Einzelperson (z. B. der Rektor, der Dekan) oder als Angehörige eines Leitungsgremiums (z. B. Mitglied der Hochschulleitung, der Fakultätsleitung) mit jeweils detaillierten Aufgaben und Kompetenzen.

Leadership findet nicht nur in Gesamtorganisationen (z. B. der Hochschule insgesamt) statt, sondern auch in Untereinheiten (z. B. einem Institut, einer Abteilung). Die Überlegungen zu Leadership lassen sich deshalb jeweils ohne Weiteres auf die entsprechenden Strukturen und Organe übertragen.

Die Institution entwickeln 3

3.1 Richtung geben durch Strategien

Mitarbeitende einer Organisation wollen die Leitenden spüren! Dies gilt für Hochschulen ebenso wie für privatwirtschaftliche Unternehmen. An der Basis will man wissen, wie man „oben" (in der Hierarchie) über wichtige Ereignisse im Umfeld der Organisation denkt und diese bewertet, man will wissen, ob die Leitungsorgane besorgniserregende oder chancenreiche Entwicklungen wahrnehmen und wie sie darauf reagieren. Schweigen oder widersprüchliche Signale der oberen Führungsetage wirken verunsichernd. Die Organisation verzeiht viel, aber nicht Richtungslosigkeit!

Das Bedürfnis der Mitarbeitenden nach Richtung und Leitplanken, nach Visionen und Zielen bedeutet aber nicht automatisch, dass den leitenden Organen auch die Legitimität zugesprochen wird, diese Richtungen einfach so vorzugeben. Das gilt insbesondere für Hochschulen mit ihren hervorragend ausgebildeten Mitarbeitenden, die es gewohnt sind, jede Aussage kritisch zu hinterfragen. Auch wenn lautstark vom Rektor und der Hochschulleitung, oder – eine Stufe tiefer – vom Dekan und der Fakultätsleitung, klare Aussagen verlangt werden („Die sollen endlich sagen, was sie wollen!"), werden konkrete Vorgaben bzw. Vorstellungen, wohin die Reise gehen soll, sofort kritisch hinterfragt oder sogar offen bekämpft. Konkretisierungen bedeuten ja, dass Priorisierungen und Fokussierungen, aber auch Auslassungen und Reduktionen vorgenommen werden. Dies hinterlässt immer Verlierer und produziert Unsicherheiten. Es ist deshalb nicht überraschend, dass die Opponenten, welche aus verschiedenen Gründen die neue Ausrichtung bekämpfen, oft zahlreicher sind als die unterstützenden Kräfte.

Die Aufgabe der leitenden Führungsorgane, Richtungen anzugeben und den Weg in die Zukunft vorzuzeigen, bleibt trotz der genannten Schwierigkeiten als

© Springer Fachmedien Wiesbaden GmbH, ein Teil von Springer Nature 2019
W. Inderbitzin, *Führung an Hochschulen aktiv gestalten*, essentials,
https://doi.org/10.1007/978-3-658-23135-4_3

ein wichtiges Element der Führung bestehen. Leadership wahrnehmen heißt, den Prozess der Richtungsfindung zu initiieren, zu moderieren und zu einem Abschluss zu bringen, mit nachhaltig wirksamen Resultaten. Unter dem sehr allgemeinen Begriff „Richtungsfindung" kann beispielsweise die Erarbeitung einer Hochschulstrategie verstanden werden. Aber auch weniger weitreichende Vorhaben in Teileinheiten wie zum Beispiel der Lehre oder anderen Teilbereichen der Hochschule können Richtungsdiskussionen erfordern.

In der Praxis können Aussagen, welche strategische Zielrichtungen beinhalten, ganz verschieden aufgesetzt und formuliert sein, zum Beispiel:[1]

- Kurze Statements über Werte und Ergebnisse, die eine Institution langfristig anstrebt (Was und wie wollen wir sein?)
- Detaillierte strategische Planungen mit einem Set von Zielsetzungen, darauf abgestimmten Maßnahmen und dafür notwendigen Ressourcen (Welche Ergebnisse wollen wir bis zum Jahre X erreichen und wie ist der Weg dahin?)
- Formulierung der Schlüsselfaktoren für erfolgreiches Überleben in einer sich ändernden Umwelt (Was sind unsere Erfolgsfaktoren, um im Wettbewerb mit Konkurrenten auf Dauer Erfolg zu haben?) und Maßnahmen zur Erhaltung und Weiterentwicklung dieser Faktoren (Was müssen wir tun?)

Allen strategischen Aussagen gemeinsam ist, dass

- ihnen eine langfristige Perspektive zugrunde liegt,
- Entwicklungen bzw. Veränderungen der Institution angestrebt werden, und
- somit Aktionen und Maßnahmen impliziert werden, welche die Institution selber, aber auch das Umfeld beeinflussen sollen.

Strategien müssen nicht zwingend die ganze Institution total umkrempeln, aber sie beinhalten Entscheidungen, die nicht leicht wieder rückgängig gemacht werden können.

---

[1]Die Literatur zu strategischem Management und Wettbewerbsstrategie ist groß und fast unübersehbar. Für Hochschulen passt nach meinen Erfahrungen der Ansatz von Mintzberg sehr gut, siehe zum Beispiel Mintzberg H. (2017).

3.2   Den Strategieprozess führen

Ob ein Strategieprozess in Hochschulen stark top-down getrieben wird oder sich mehr bottom-up ergibt, muss auf dem Hintergrund der Tradition und Kultur einer Organisation festgelegt werden. In beiden Ansätzen ist es unumgänglich, mit allen Angehörigen der Hochschule oder der jeweiligen Organisationseinheit (z. B. Institut) eine Diskussion zu führen. Je größer die Einheit und zahlreicher die Beteiligten sind, desto anspruchsvoller wird diese Diskussion. Es ist deshalb unumgänglich, eine Struktur für den zeitlichen und inhaltlichen Ablauf einer Richtungsdiskussion vorzugeben bzw. zu vereinbaren. Ein Angebot an moderierten (digitalisierten) Plattformen und Datenpools, auf denen Argumente ausgetauscht werden können und relevante Dokumente zur Verfügung stehen, werden alle als hilfreich erachten. Das ist aber kein Ersatz für die persönliche Präsenz und Teilnahme der Leitungspersonen an dieser Diskussion. Darüber hinaus braucht es Regeln und einen Verhaltenskodex bezüglich der Kommunikation über den Prozess mit Institutionen oder Personen außerhalb der Hochschule oder der betreffenden Organisation, z. B. der Politik, Medien oder potenziellen Konkurrenten. Im Rahmen einer solchen Richtungsdiskussion müssen auch „verrückte" Ideen besprochen werden können. Eine Einmischung von Personen außerhalb der eigenen Organisation (z. B. Medien) in diesen Austauschprozess kann extrem störend wirken und ist deshalb nach Möglichkeit zu vermeiden.

Die Qualität einer Richtungsdiskussion hängt wesentlich ab von der Qualität der Diskussionsbeiträge. Hierfür braucht es kluge Inputgeber. Dies können die Leitungsorgane selber sein, z. B. Angehörige der Hochschulleitung oder der Rektor. Leitungspersonen in Hochschulen sind oft Wissenschaftler, die sich in einem Spezialgebiet hervorragend auskennen. Für eine Strategie braucht es aber mehr als nur Kenntnisse in einer wissenschaftlichen Disziplin. Vor allem für große Hochschulen mit mehreren Fachbereichen kommen die Leitungsorgane nicht umhin, ein Sensorium für Entwicklungen in einem breiten gesellschaftlichen, wirtschaftlichen, technologischen und politischen Umfeld zu entwickeln. Es ist nicht möglich, quasi als Universalgenie über „alles" Bescheid wissen zu wollen. Notwendig ist, eine Art persönliches Frühwarnsystem zu entwickeln, mit welchem Chancen und Risiken für die eigene Organisation erkannt werden können. Lektüre, persönliche Kontakte mit Personen aus verschiedensten Sphären und Berufsfeldern, Teilnahme an Tagungen und Veranstaltungen (nicht nur aus dem Hochschulumfeld!) sind Möglichkeiten, sich in diesem Sinne permanent weiterzubilden.[2] Entsprechend ist in einem Strategieprozess auch ein Diskurs mit externen Experten und Querdenkern notwendig. Das ermöglicht eine thematische Öffnung der Diskussion und verhindert eine einfältige Nabelschau der Organisation. Das Risiko dabei besteht darin, dass der thematische Fächer sehr breit geöffnet und Optionen erörtert werden, welche die Hochschule nicht bewältigen kann, aus welchen Gründen auch immer. Demgemäß ist die Partizipation von entsprechenden Experten gut vor- und nachzubereiten.

Bei Richtungsdiskussionen müssen drei Regeln beachtet werden

- Die Leitungsorgane sind Teilnehmende am Prozess
  Der Rektor, die Angehörigen der Hochschulleitung, die Instituts- oder Studiengangleitung etc. partizipieren an der inhaltlichen Diskussion. Durch aktives Zuhören und eigene Diskussionsbeiträge zeigen sie Wertschätzung für die im Prozess engagierten Hochschulangehörigen. Gleichzeitig stellen die Leitenden ihre fachliche Qualifikation unter Beweis und sie erwerben sich eine Reputation innerhalb der Hochschule, die bei einer allenfalls kontroversen Entscheidung über die einzuschlagende Richtung der zukünftigen Hochschulentwicklung von hohem Nutzen ist.

- Die Entscheidungskompetenz ist von Anfang an klar
  Bereits zu Beginn des Prozesses muss klargemacht werden, wer den inhaltlichen Richtungsentscheid trifft. Ist es der Senat bzw. die Hochschulversammlung als Organ aller Hochschulangehörigen, welche nach dem Mehrheitsprinzip entscheidet? Oder ist es die Hochschulleitung oder der Rektor oder gar ein übergeordnetes Gremium wie ein Hochschulrat, dem die finale Entscheidungskompetenz zukommt? Die Hochschulangehörigen akzeptieren durchaus, dass der finale Entscheid bei Leitungsgremien liegt. Für Unwillen sorgt aber, wenn zu Beginn eine basisdemokratische Entscheidung suggeriert wird, die dann umgestoßen wird, wenn sie im Konflikt steht zu dem, was die Leitung vorgeben möchte.

- Der Entscheid muss nachvollziehbar begründet werden
  Nach getroffenem Entscheid sind Begründungen zu liefern, die für alle verständlich und nachvollziehbar sind. Die Leitenden unterschätzen dabei manchmal, dass die Betroffenen – vor allem bei kontroversen Entscheiden – genügend Zeit brauchen für deren Verarbeitung. Nicht

---

[2]Für die Relevanz eines weiten Interessenspektrums, weg vom eigenen Fachgebiet, siehe Lovegrove, N. (2017). The Mosaic Principle. London: Profile Books.

immer ist das, was rational eigentlich überzeugend ist, auch emotional gewinnend. Der Rektor und die Hochschulleitung müssen sich in einem solchen Fall die Zeit nehmen, mit Betroffenen (insbesondere den „Unterlegenen") ins Gespräch zu kommen. Auch wenn das, rein rational betrachtet, „nichts mehr" zu bringen scheint, so ist dies weit mehr als ein symbolischer Akt: Darin kommt die Wertschätzung für Mitarbeitende mit anderen Meinungen zum Ausdruck, und im Hinblick auf zukünftige kontroverse Diskussionen kann diese gelebte Wertschätzung äußerst wertvoll sein.

3.3 Den Kontext verstehen

Die Leitungsorgane können nur dann Richtungen angeben, wenn sie sich ein zutreffendes Bild von der Umwelt und der eigenen Institution gemacht haben. Dies setzt die Bereitschaft voraus, erheblichen Aufwand zu betreiben für

- die Formulierung von präzisen Fragen (Was wollen wir wissen?),
- die Sammlung von Fakten (Wie entwickelt sich unsere relevante Umwelt? Wie funktionieren unsere eigenen Abläufe, unsere geltenden Regeln? Wie entwickeln sich unsere Ergebnisse?) sowie
- die Analyse und Bewertung dieser Fakten (Stärken, Schwächen, Chancen und Herausforderungen).

Es ist nicht möglich und auch nicht erforderlich, dass die Leitungsorgane oder gar der Chef alleine alle Analysen erarbeiten müssen. Die Führung eines Strategieprozesses ist gefordert, diese Grundlagenanalysen sorgfältig und in ausreichender Tiefe erarbeiten zu lassen. Die Gefahr ist groß, dass der analytische Teil der Richtungsdiskussion schnell zur Seite geschoben wird mit lockeren Argumenten, wie „Wir wissen genug über unsere Branche!" oder „Wir kennen unseren Laden, schließlich sind wir ja täglich da …!". Solche Killerargumente sind extrem gefährlich, weil sie verhindern, eigene Wahrnehmungen und Wunschvorstellungen kritisch zu hinterfragen, und sie befördern eine langfristig falsche Ausrichtung der Organisation. Die Leitungsorgane sollten sich solchen Strömungen entschlossen widersetzen und durchsetzen, dass genügend Ressourcen und Zeit für grundlegende Analysen eingesetzt werden.

Die Leitungsorgane sind im Weiteren verantwortlich dafür, dass in den Recherchen die richtigen Fragen gestellt werden und keinem Thema ausgewichen wird. Betriebsblindheit und Tabuthemen darf es nicht geben! Dazu gehören nicht nur Überlegungen zum gesellschaftlichen, technologischen und demografischen Umfeld, sondern auch eine aufmerksame Beobachtung der (bildungs-)politischen Großwetterlage. Ein enger Kontakt zu den politischen Entscheidungsträgern vermindert das Risiko, von unerwarteten und einschneidenden Entscheidungen die Hochschule betreffend, überrascht zu werden.

Für eine valide Analyse ist es notwendig, auch Beurteilungen und Einschätzungen von externer Seite außerhalb der Hochschule einzuholen. Die Sicht von Praxispartnern, Alumni, anderen Hochschulen oder nationalen und internationalen Kooperationspartnern kann überraschend, aber gerade dadurch außerordentlich lehrreich sein.

Nicht unterschätzt werden darf aber auch die Gefahr, dass Organisationen permanent in einer Analysephase sind und damit nie zu Handlungen und Maßnahmen kommen. Insbesondere Hochschulen mit ihren wissenschaftlich sozialisierten Mitarbeitenden neigen zu einer permanenten „Grundlagenforschung". Den Leitungsorganen kommt somit die schwierige Aufgabe zu, das richtiges Maß zu finden zwischen einer angemessen breiten und tiefen Analyse und der Fähigkeit, auch bei nicht vollständig ausgeräumter Unsicherheit über bestimmte Fragestellungen Entscheide zu treffen und Veränderungen an die Hand zu nehmen. Rektor und Hochschulleitung müssen sich immer im Klaren sein, dass auch eine noch so fundierte und tiefe Analyse nicht davon entbindet, zu

- entscheiden und zu wählen zwischen verschiedenen möglichen Handlungsalternativen, und
- die gewählte Alternative umzusetzen.

3.4 Ad-hoc-Strategien erkennen und selber zur Verfügung haben

Die Entwicklung einer Hochschulstrategie leistet der Meinung Vorschub, dass sich Hochschulen nur aufgrund von ausformulierten Strategien in bestimmte, klar erkennbare Richtungen entwickeln: Die Hochschulleitung setzt die langfristigen Ziele, stellt Ressourcen bereit und überprüft in einem geordneten Review-Prozess regelmäßig das Erreichte! Auf der obersten Ebene der Hochschulleitung herrscht somit der Eindruck vor, dass sich die Hochschule genau auf diesem vorgezeichneten Weg befindet – und auf keinem anderen!

Tatsächlich kann dieser Eindruck sehr täuschen. Die Leitungsorgane tun gut daran, sorgfältig zu beobachten, was für Entwicklungen in Teilbereichen der Hochschule stattfinden und welche Entscheide im Umfeld der Hochschule, z. B. durch staatliche Aufsichtsorgane oder Behörden, getroffen werden.
Um was geht es konkret?

- Das sind einmal Entscheidungen darüber, wo, wann und in welchem Ausmaß Gebäude und Infrastrukturen entstehen. Wenn zum Beispiel für einen Fachbereich in großem Stil finanzielle Mittel für Gebäude bewilligt und diese auch realisiert werden, lässt sich das nicht mehr leicht rückgängig machen. Auch wenn die Reihenfolge der Entscheide nach Strategielehrbuch falsch ist – zuerst müssten eigentlich Ziele definiert und erst dann Ressourcen bereitgestellt werden –, entfalten in der (politischen) Realität oft Gelegenheiten („Gerade jetzt besteht die Möglichkeit, ein bestimmtes Gebäude günstig zu erwerben!") oder politische Pressionen („Die Hochschule muss unbedingt in der Standortförderung der Stadt mitziehen!") viel Kraft und Dynamik. Von der Hochschule selber sind sie oft kaum zu verhindern, auch wenn sie nicht richtig in die gültige Hochschulstrategie passen. Die Beobachtung und frühzeitiges Erkennen solcher Entwicklungen gehören zwingend in den Bereich der Umfeldanalyse (siehe Abschn. 3.3).
- Im Weiteren sind es Ideen und Innovationen innerhalb der Hochschule, entstanden in den Köpfen einzelner Personen, Organisationseinheiten oder Forschungsgruppen, die eine Hochschule strategisch prägen können. Ein Durchbruch in einem bestehenden Forschungsfeld, eine neue Analysemethodik oder ein auf große Resonanz stoßender Hochschullehrgang – um nur einige Beispiele zu nennen – wird intern und extern Aufmerksamkeit auslösen. Der Erfolg hat viele Väter! Niemand wird sich gegen Erfolgsmeldungen stellen wollen, und der Wunsch nach mehr Ressourcen und besserer Ausstattung wird nicht lange auf sich warten lassen. Die Hochschulleitung ist gut beraten, solche Bottom-up-Initiativen grundsätzlich wohlwollend zu behandeln. Es zeugt von innerer Kraft und Lebendigkeit einer Organisation, wenn sich ihre Mitarbeitenden für eine neue Idee engagieren und diese mit Begeisterung umsetzen. Trotzdem muss sichergestellt sein, dass eine generelle Kompatibilität mit der Hochschulstrategie gegeben ist und dafür auch längerfristig die notwendigen Ressourcen gesichert sind. Auch hier gilt, dass im Rahmen der Strategieentwicklung und der Analyse der eigenen Organisation solche strategischen Initiativen frühzeitig erkannt und in die strategische Planung eingebunden werden. Dies ist ein wesentliches Element von emergenten Strategien.

3.5   Menschen gewinnen und begeistern

Hochschulen entwickeln sich durch die Passion und das Engagement von Menschen. Eine Strategie kann diese Arbeit in einen größeren Rahmen einbinden, den Gesamtzusammenhang herstellen und die Ressourcen sichern, aber ohne hervorragende Mitarbeitende wäre eine Strategie auf Sand gebaut. Diese Erkenntnis ist der Grund, warum viele international renommierte Hochschulen einem detaillierten Strategieprozess tendenziell weniger Bedeutung, dafür aber der Auswahl und Wahl von akademischem Lehrpersonal große Bedeutung beimessen.[3]

Die Selektion von neuen Mitarbeitenden, aber auch der internen Förderung und Beförderung von Hochschulangehörigen, kommen allergrößte Bedeutung zu. Die Qualität einer Hochschule steht und fällt mit der Qualifikation der Menschen, welche in und für ihren Fachbereich, ihr Institut und die Hochschule insgesamt arbeiten. Die Gestaltung der Selektionsprozesse, der Begleitung und allfällige Interventionen ist für Leitungsorgane eine absolut prioritäre, nicht delegierbare Aufgabe.

Was heißt dies im Einzelnen? Zum einen gilt es, sich intern auf die Prozesse der Selektion zu einigen, diese schriftlich festzuhalten und immer gleich anzuwenden. Dies ist nicht nur ein Gebot der Fairness, es ist auch eine Sicherung, einmal vereinbarte Regeln der Qualität permanent einzuhalten. Zum anderen ist es wichtig, im Selektionsprozess auch Zweitmeinungen einzuholen und sich nicht ausschließlich auf das Urteil des direkten Vorgesetzten und von Angehörigen der betroffenen Organisationseinheit abzustützen.

Für die Wahl eines neuen Dozierenden werden die Lehrgangsleiterin und möglicherweise eine Wahlkommission bestehend aus Dozierenden dieses Lehrgangs, vielleicht ergänzt durch externe Vertreter der relevanten Praxis, verantwortlich sein. Es kann aber hilfreich sein, wenn für die endgültige Entscheidung auch die Meinung und Zustimmung des Dekans oder der Departementsleiterin eingeholt wird. Durch deren Nicht-Involvierung in den Prozess haben sie eine gewisse Außensicht und stellen in einem persönlichen Gespräch mit dem Kandidaten und der Kandidatin möglicherweise Eigenschaften fest, die im bisherigen Prozess nicht

---

[3]Anlässlich meines Sabbaticals an der Stanford University 2005 konnte ich unter anderem ein Gespräch führen mit dem vormaligen Präsidenten, Gerhard Casper. Auf meine Frage nach der Strategie der Stanford University erwiderte er sinngemäß: Stanford hat keine Strategie! Stanford sucht sich die besten Professoren und Professorinnen. Und wer nicht zu dieser Gruppe gehört, wird nicht berufen oder er/sie verlässt nach kurzer Zeit Stanford wieder.

beachtet wurden. In ähnlicher Weise ist die Regel, bei der Berufung von Professorinnen und Professoren den Rektor einzubeziehen, eine hilfreiche, aber auch prägende Institution. Ein Gespräch des Kandidaten beim Rektor vor der definitiven
Wahl erhöht die Reputation der Wahl. Gleichzeitig schafft es eine Gelegenheit,
dass sich die zukünftige Professorin und der Rektor gegenseitig ein erstes Mal
kennenlernen, Erfahrungen und Erwartungen austauschen und sich dadurch auch
menschlich etwas näherkommen. Erfahrungsgemäß wird ein solches Gespräch
von der Kandidatin oder dem Kandidaten nicht als Schikane empfunden. Es ist im
Gegenteil der Anfang oder die Bestärkung der Motivation und der Begeisterung
für die Arbeit in der Hochschule. Und in seltenen Fällen gäbe es dem Rektor
die Möglichkeit, die Notbremse zu ziehen und – mit guten Begründungen – die
Berufung zu verhindern.

Veränderungen führen und lenken 4

4.1 Entwicklungen anleiten

Hochschulen sind permanent in einem Entwicklungs- und Wandlungsprozess begriffen. Die Eigeninitiative der Hochschulangehörigen sorgt dafür, dass überall und immer wieder größere oder kleinere Veränderungen angestoßen werden. Davon zu unterscheiden sind aber einschneidende Veränderungen, welche entweder gewollt durch die Leitungsorgane veranlasst werden, oder von außen, d. h. von Behörden oder Aufsichtsorganen, vorgegeben sind. Im zweiten Fall – eine Vorgabe von außen – ist die interne Aufmerksamkeit der Hochschule, die sich als „Republik der Gelehrten" nicht dreinreden lässt, geweckt und es ist oft nur ein kleiner Schritt zum offenen Widerstand.[1] Gegenüber Veränderungen, die sich als Selbstzweck entpuppen, ist tatsächlich Vorsicht geboten. Bewahren von bewährten Strukturen und Abläufen kann genauso weitsichtig und klug sein. Falls sich Veränderungen aber als unumgänglich erweisen, sind die Leitungsorgane – Rektor und Hochschulleitung – gut beraten, die Umsetzung von entsprechenden Vorhaben klug und behutsam, hartnäckig und mit langem Atem anzugehen.

Grundlage für alle Maßnahmen ist eine fundierte Analyse, welche überzeugend die Beweggründe aufzeigt und den Nutzen der angestrebten Änderungen darlegt. Veränderungen lassen in einer Organisation Gewinner und Verlierer entstehen. Je einschneidender die Veränderungen sind, desto ausgeprägter werden diese Gewinner-/Verliererpositionen ausfallen und desto ausgeprägter und lautstarker wird der

---

[1]In der Schweiz wurden mit der Gründung der Fachhochschulen in den 1990er Jahren zahlreiche Fusionen von Hochschulen von den Behörden vorgegeben und damit anspruchsvolle Veränderungsprozesse ausgelöst, siehe Inderbitzin, W. (2012).

© Springer Fachmedien Wiesbaden GmbH, ein Teil von Springer Nature 2019

W. Inderbitzin, *Führung an Hochschulen aktiv gestalten*, essentials,

https://doi.org/10.1007/978-3-658-23135-4_4

Widerstand artikuliert werden. In Veränderungsprozessen ist Widerstand normal. Leadership heißt, diesen Widerstand ernst zu nehmen, aber sich nicht von der gewählten Linie abbringen zu lassen.

Erfahrungsgemäß wird es nicht möglich sein, alle Opponenten von der Notwendigkeit der Veränderung zu überzeugen. Umso wichtiger ist es aber, dass Betroffene angehört werden und mitarbeiten können, wenn sie dies konstruktiv tun. Die Leitungsorgane sind dabei besonders gefordert, als „agents of change", sowohl Flexibilität als auch Beständigkeit und klare Linie zu zeigen. Sachgerechte Einwände sollen aufgenommen werden, auf keinen Fall aber darf um des Friedens willen das Konzept verwässert werden!

Die Leitungsorgane müssen verstehen, dass rational einleuchtende Argumente keineswegs ein Garant sind, die Kritiker zu überzeugen. „Das Überzeugende ist nur selten auch das Gewinnende!" (Benyoëtz 2002, S. 153) Von zentraler Bedeutung ist deshalb, dass die Leitung in Kontakt bleibt mit den Kritikern, mit einfachen Erklärungen und mit persönlichem Engagement ein emotionales Commitment zeigt für die Ziele der Veränderung und den Weg dahin. Die Mitarbeitenden sollen spüren, dass die leitenden Personen überzeugt sind und eine Passion entwickeln für die angestrebten Veränderungen.

Dieses emotionale Commitment ist insbesondere wichtig, wenn es auf dem Weg der Veränderungen zu Pannen kommt, wenn Projektergebnisse nicht geliefert werden können und deshalb vielleicht der Betrieb der Hochschule gefährdet ist. In solchen Fällen ist der Chef und sind die Chefs gefordert, indem sie sich nahe beim Geschehen und persönlich – nicht per E-Mail, Facebook, Twitter etc. – ins Bild setzen und mit den Betroffenen mögliche Lösungen erwägen. Sie signalisieren damit Nähe und Unterstützung, die in Zeiten hoher Belastungen unumgänglich ist. Oft weichen Personen in Führungsverantwortung solch schwierigen Situationen aus, weil sie keine Lösung für die Probleme haben, sich aber verantwortlich fühlen und sich deshalb vor ihren Mitarbeitenden auch etwas schämen, dass das Ganze nun so dumm läuft … Meist sind aber die Mitarbeitenden, die im „Schlamassel" drinstecken, gedanklich bereits einen Schritt weiter. Sie wollen vom Chef keine Lösung haben, sondern lediglich wahrgenommen werden und Anerkennung haben. Nicht selten erlebt man, dass aus der Behebung einer Panne Erfolgsgeschichten entstehen, die in der Institution weitererzählt, zu Mythen und Märchen ausgeschmückt werden und damit zum Geist des „Wir schaffen das!" beitragen. In solchen Fällen ist es besonders wichtig, wenn die Leitenden in dieser Szenerie eine positive Rolle spielen und nicht durch Abwesenheit glänzen!

4.2   Höchstleistungen ermöglichen

Jede Organisation strebt in der einen oder anderen Weise an, beste Leistungen zu vollbringen. Die Leitungsorgane können durch ihr Verhalten die Erreichung von Höchstleistungen unterstützen.[2]

- Am Anfang aller Überlegungen über hohe Qualität und Exzellenz steht die Erkenntnis, dass exzellente Leistungen nicht verordnet werden können. Wenn es gelingt, bei den Mitarbeitenden für eine Aufgabe oder ein Projekt Leidenschaft zu wecken, werden die Arbeiten eine positive Eigendynamik erhalten und an Qualität gewinnen. In Hochschulen sollten Menschen nicht intellektuell gegängelt werden, sondern im Gegenteil vor eher zu große als zu kleine Herausforderungen gestellt werden. Nichts motiviert mehr als eine Haltung der Leitenden „Ihr schafft das!", nichts demotiviert stärker als ein akribisches Mikromanagement mit detaillierten Handlungsanweisungen.

- Menschen arbeiten zwar auch für Geld, aber Höchstleistungen entstehen nur, wenn aus der Sinnhaftigkeit einer Aufgabe eine Passion entsteht. Finanzielle Leistungs- oder Erfolgsprämien spielen an Hochschulen eine untergeordnete Rolle. Der Sinn einer Aufgabe, eines Vorhabens oder eines Projektes muss schlüssig sein. Oft wird dieser Einsicht zu wenig Bedeutung beigemessen, nach dem Motto „Die Leitung hat beschlossen, wir machen das jetzt!". Diese Vorgehensweise spart nur vordergründig Zeit, die Diskussion über Grundsätzliches wird im Verlaufe der Arbeiten immer wieder aufbrechen.

- Rationale Übereinstimmung zwischen Leitenden und Ausführenden allein reicht oft nicht, um in einem Vorhaben mehr als nur durchschnittliche Ergebnisse zu erzielen. Die Ausführenden müssen umfassend den Zusammenhang verstehen, die Beweggründe und Überlegungen der Leitungsorgane nachvollziehen können. Hierzu sind persönliche Begegnungen notwendig, welche es erlauben, über den engen Wortlaut von Projektbeschreibung oder Auftrag hinaus auf Fragen einzugehen. Klassisches Beispiel hierfür ist die Anordnung von Einsparungen im Budget. Zwar ist es möglich, per E-Mail und Excel-File saubere rationale Begründungen zu liefern, denen man kaum widersprechen kann. Bei den Auftragnehmern wird das aber keine Begeisterung, sondern eher

---

[2]Ein Beispiel für Motivation zu Höchstleistungen in einem ganz anderen Kontext ist die Erfolgsgeschichte des Polarforschers Ernest Shackleton, der es 1917 schaffte, nach 635 Tagen im Eis seine Mannschaft ohne Verluste in Sicherheit zu bringen, siehe hierzu Morell, M. und Capparell, S. (2008).

passiven Widerstand auslösen. Ein persönliches Gespräch zwischen Auftraggeber und Auftragnehmer ändert zwar rein sachlich nichts an den Vorgaben, aber es schafft mehr Verständnis und Einsicht und erhöht die notwendige emotionale Übereinstimmung.

- Ergebnisse – oder auch nur Zwischenergebnisse – aus einem Vorhaben oder Projekt müssen gewürdigt werden. Verheerend ist, wenn ein Projekt zum Abschluss kommt und dies nirgends in der Organisation irgendeinen Widerhall findet! Leadership bedeutet, gute Leistungen anzuerkennen und zu loben, wenn immer möglich persönlich. Belobigungen sollten aber differenziert und nicht inflationär eingesetzt werden. Die Mitarbeitenden können sehr wohl unterscheiden, wann ein Lob angebracht und wann es für eine durchschnittliche Leistung eigentlich nicht angemessen war.

- Leadership bedeutet, Leistungen differenziert zu bewerten. Leitende sind diesbezüglich oft unsicher und möchten Abstufungen in der Bewertung von Leistungen gut begründen können durch entsprechende Messungen und Bewertungen, zum Beispiel mithilfe eines Punkte- oder Indikatorensystems. Das mag hilfreich sein, geht aber am Kern des Leadership-Gedankens vorbei. Ein Rektor, ein Dekan oder eine Institutsleiterin, der oder die im persönlichen Gespräch einem Professor sagt: „Ihr kürzlich publizierter Artikel hat mir außerordentlich gut gefallen!" und dies auch begründen kann, ist unangreifbar. Gleichzeitig ist die persönlich vorgetragene Ich-Botschaft des Chefs für den Betroffenen von unschätzbarem Wert.

4.3   Mut zur Ausnahme

Hochschulbildung ist weitgehend zu einer Veranstaltung mit einer großen Zahl von Studierenden geworden. Für die Durchführung des Lehr- und Forschungsbetriebs sind deshalb gut strukturierte Prozesse notwendig. Einerseits gilt es, Ressourcen optimal auszuschöpfen, andererseits ist die fehlerfreie Abwicklung der Lehre für große Studierendenzahlen und die Bewältigung von großen Forschungsvolumina sicherzustellen. Hochschulen kommen heute nicht umhin, standardisiert und effizient zu arbeiten.

Die Steigerung der Effizienz ist über weite Strecken eine Anwendung von Techniken und Prozessen, die in der Organisation der Hochschule verankert sind. Leadership jedoch ist gefordert, wenn es darum geht, in der Organisation neben der Effizienzsteigerung weiterhin Felder der Kreativität und des Nachdenkens über Neues zu unterhalten.

In der Hochschule gibt es Abteilungen, welche sich der reibungslosen Abwicklung des Betriebs widmen und die damit notwendigerweise standardisiert und nach glasklaren Regeln funktionieren, für die es keine Ausnahme gibt. In einer Hochschule gibt es jedoch auch Teams, welche sich innovativen neuen Leistungen und Methoden widmen. Hier sind Freiräume und andere organisatorische Biotope notwendig. Inhaltliche Experimente, flexible Arbeitszeiten und abweichende Hierarchien müssen ohne administrative Auflagen möglich sein.

Leadership in einer Hochschule erfordert Toleranz und sogar die explizite Unterstützung von unterschiedlichen und konträren Organisationsmodellen: Hier der rationalisierte und standardisierte Betrieb, der keine Ausnahme zulässt – dort das kreative Chaos, wo scheinbar ohne Regeln jeder machen kann, was er will. Kreative Entwicklungen in Organisationen werden nur erreicht, wenn die Leitungsorgane den Mut haben, vordergründig Gleiches ungleich zu behandeln und Ausnahmen zuzulassen. Die Leitungsorgane sehen sich dabei schnell mit internen Vorwürfen und Anfeindungen konfrontiert. Personifiziert sind solche Ausnahmen oft die „Spinner" und „Tüftler" einer Organisation, deren legendäre Leistungen noch Jahrzehnte später weitererzählt werden. In der konkreten Situation jedoch braucht es erhebliche Standfestigkeit der Leitenden, Ungleiches und deshalb Ungewöhnliches zuzulassen. Leadership heißt, sich dieser notwendigen Ungleichbehandlung bewusst zu sein und sie in einem angemessenen Rahmen auch gegen interne Widerstände durchzusetzen.[3]

---

[3]In der Literatur der Organisationsentwicklung wird das Thema unter dem Begriff Ambidexterität behandelt, siehe zum Beispiel O'Reilly, Charles A., und Tushman Michael L. (2008).

Entscheidungen treffen

5.1 Gremien moderieren

An Hochschulen werden nur selten Entscheidungen von Einzelpersonen allein getroffen, in aller Regel werden wichtige Fragen in Gremien, Teams oder Leitungsorganen diskutiert und einer Entscheidung zugeführt. Im Betrieb der Hochschule finden deshalb auf allen Ebenen zahlreiche Sitzungen und Aussprachen in verschiedensten personellen Zusammensetzungen statt. Für alle Beteiligten ist der Zeitaufwand für die Teilnahme an sowie die Vor- und Nachbereitung dieser Besprechungen, Aussprachen, Workshops und Sitzungen jeglicher Art groß. Der Moderation und der Leitung kommen deshalb eine große Bedeutung zu.

Wissenschaftlich sozialisierte Menschen haben Aussprachen in Gruppen primär als wissenschaftlichen Diskurs erlebt. Sie gehen nicht automatisch davon aus, dass am Schluss einer Aussprache eine Klärung oder ein Entscheid stehen sollte, der zu Handlungen führt. Vielmehr herrscht eine Verhaltensweise der differenzierten Argumentation vor, welche die Komplexität eines Problems eher erhöht als reduziert. Im Zentrum eines wissenschaftlichen Diskurses steht in der Regel, dass weiterführende Aspekte einer Fragestellung ausgeleuchtet werden um eine möglichst gute Annäherung an die „Wahrheit" zu finden. Pragmatische Vorgehensweisen, die Nebensächliches weglassen und Hauptaspekte betonen, stoßen oft auf wenig Verständnis.

Im Kontext der wissenschaftlichen Denkweise wird ein Diskussionsergebnis – auch wenn es von einer Mehrheit unterstützt wird – von der unterlegenen Minderheit emotional lediglich als eine andere „Lehrmeinung" aufgefasst, die nicht zwingend das eigene Handeln bestimmt: „Ich sehe ja diese ganze Fragestellung völlig anders und bin nicht einverstanden, also hat das für mich auch keine Handlungsrelevanz!"

© Springer Fachmedien Wiesbaden GmbH, ein Teil von Springer Nature 2019   23
W. Inderbitzin, *Führung an Hochschulen aktiv gestalten*, essentials,
https://doi.org/10.1007/978-3-658-23135-4_5

Wie kann die Sitzungsleitung (Institutsleiter, Dekan, Rektor) diesen Verhaltensmustern begegnen?

- Vorerst gilt es, sich den oben (überspitzt) dargelegten Grundmustern des Verhaltens bewusst zu sein. Der Sitzungsleiter muss dem Bedarf nach Diskussion bis zu einem gewissen Maße entgegenkommen. Visualisierungen im Verlaufe der Sitzung können ausufernde Diskussionen wieder auf einen verständlichen Pfad bringen. Auf keinen Fall dürfen Kollegen, die zu ausführlichen Diskussionsvoten neigen, ausgegrenzt werden! Das schließt eine klare und auf Zeitmanagement bedachte Sitzungsleitung nicht aus, die aber berücksichtigen muss, dass tragfähige Entscheidungen in Hochschulgremien Zeit und Geduld erfordern.
- Im Weiteren ist die Vorbereitung der Sitzung präzise zu planen. Die vorbereitenden und rechtzeitig verschickten Sitzungsunterlagen müssen den zu behandelnden Sachverhalt präzise, klar und fokussiert beschreiben und dazu auch deklarieren, was das erwartete Ergebnis der Diskussion ist: ein Entscheid oder lediglich eine Aussprache oder eine Information. Bei vorhersehbar schwierigen Entscheidungen ist es oft hilfreich, ein Geschäft mehrmals zu behandeln und dieses Vorgehen bereits im Vorfeld bekannt zu geben, zum Beispiel durch den Hinweis: „Prüfungsordnung im Studiengang X, erste Lesung.".
- Schließlich muss immer klar sein, dass getroffene Entscheidungen in einem Leitungsgremium bindend sind für alle (es sei denn, es würden Ausnahmen beschlossen). Dieser Grundsatz muss immer wieder repetiert werden, höflich, aber bestimmt. Sehr hilfreich und unterstützend ist in diesem Zusammenhang das Sitzungsprotokoll. Sehr oft schreibt ein Sitzungsteilnehmer oder eine Assistenz das Protokoll. Es ist aber zwingend, dass der Sitzungsleiter dieses Protokoll redigiert und die Ergebnisse der Sitzung glasklar formuliert. Das Protokoll sollte umgehend erstellt und den Teilnehmenden zugestellt werden, im Idealfall innerhalb von 24 h.

5.2   Entscheidungen treffen und umsetzen

Im Idealfall kann ein Entscheidungsgremium Beschlüsse konsensual treffen. Das wird aber nicht immer möglich sein. Wie geht man vor, wenn keine Einstimmigkeit herrscht, Mehrheiten und Minderheiten entstehen oder überhaupt die Meinungen weit auseinandergehen?

Bei größeren Institutionen ist in einer Kompetenzordnung oder einem Organisationsreglement detailliert dargelegt, wie Leitungsgremien Beschlüsse fassen. Leadership bei der Entscheidungsfindung geht aber über die Anwendung von formalen Entscheidungsregeln weit hinaus.

Mit wie viel Engagement und „Herzblut" Entscheidungen in Organisationen umgesetzt werden, hängt wesentlich vom Prozess ab, welcher der Entscheidungsfindung vorausgeht. Worauf ist demzufolge zu achten?

- Bei Entscheidungen geht es immer um mehrere, grundsätzlich mögliche Handlungsalternativen, die begründet werden mit Fakten, unterschiedlichen Sichtweisen, Bedürfnissen oder Zielen. Geeignete Alternativen wird man nur haben, wenn, basierend auf einer fundierten Analyse, alle in der Organisation angehört werden, auch die kritischen Geister und Opponenten.

- Entscheidungen treffen bedeutet oft auch, sich mit Konflikten und Interessengegensätzen auseinandersetzen. Es ist deshalb unumgänglich, dass alle am Entscheidungsprozess Beteiligten zu Wort kommen und angehört werden und dass alle nachvollziehen können, warum Alternativen ausgeschlossen und andere zum Beschluss erhoben wurden. Die Mitarbeitenden haben ein feines Gespür dafür, ob der Diskurs über die konkurrierenden Optionen eine Pro-forma-Farce oder echt ist.

- Ob man die Diskussion bis zu einem vollständigen Konsens führen will, mag bestimmt sein vom Selbstverständnis einer Organisation oder auch von der Wichtigkeit der anstehenden Entscheidung. Die Leitungsgremien tun gut daran, die Regeln und die Dauer eines Prozesses klar vorzugeben und gegebenenfalls die Diskussion zu beenden und zu entscheiden, auch wenn kein Konsens vorliegt. Dabei muss der „unterlegenen" Seite immer Respekt entgegengebracht werden, in der einen oder anderen Weise braucht die Organisation bei der Umsetzung die Mitwirkung auch dieser Personen.

- Die Regel, Entscheidungen nach Mehrheiten zu treffen, findet an Hochschulen oft und schnell Akzeptanz. Überall dort, wo Leitungsgremien zahlreiche Personen umfassen, sind Mehrheitsentscheide oft formal in den entsprechenden Reglements verankert. Dabei ist zu bedenken, dass Organisationen, die nur und ausschließlich nach Mehrheiten entscheiden, sich kaum verändern und in Gefahr sind, Chancen zu verpassen. Mehrheitsfähige Alternativen sind nicht immer die richtigen und zukunftsweisenden Lösungen. Leadership bedeutet deshalb auch, nötigenfalls den Mut zu haben, sich in wichtigen Fragen gegen Mehrheiten zu entscheiden.

Konflikte moderieren und lösen

6.1   Emotionale Treiber und persönliche Aussprache

Meinungsverschiedenheiten zwischen Mitarbeitenden, aber auch zwischen Mitarbeitenden und der Leitung sind keine hochschulspezifischen Probleme. Überall, wo Menschen zusammenarbeiten, gibt es Meinungsverschiedenheiten und Interessenkonflikte, die zu Streitereien ausarten können. Nicht das Entstehen von Konflikten ist hochschultypisch, sondern eher die Art und Weise, wie die Bereinigung von Konflikten versucht wird.

Die Ursprünge von Konflikten sind vordergründig oft banal: Es ist etwas „falsch" gelaufen, das Institut X hat weniger Budget (als im Vorjahr), das Lehrdeputat des Dozenten „Peter A." wurde aufgestockt, jenes des Kollegen „Josef B." jedoch zurückgestuft – daraus entstehen Streit und Ungemach! Bei oberflächlicher Betrachtung sucht man bei solchen und ähnlichen Konflikten primär nach den objektiven, messbaren Ursachen. Für Hochschulangehörige, die alle eine solide wissenschaftliche Bildung genossen haben, gilt das in besonderem Maße: Man sucht die auslösenden Faktoren und findet eine Erklärung (im wissenschaftlichen Sinne gemeint) für das Resultat. Im günstigen Fall gibt es Maßnahmen, um das „Delta" zwischen Ergebnis und Erwartungen der betroffenen Person zu schließen, im ungünstigen belässt es der Vorgesetzte bei der (wissenschaftlichen) Erklärung.

In Hochschulen wird oft zu wenig beachtet, dass die wirklich schwierigen Konflikte immer getrieben sind durch emotionale Komponenten! Wenn sich der Institutsleiter X oder der Dozent „Josef B." in ihrer Reputation angegriffen fühlen und die Kürzungen als persönlichen Angriff auffassen, wird jede auf objektiven Sachverhalten basierende Erklärung nutzlos sein. Am Anfang jeder Lösung stehen deshalb die Suche und die Analyse der emotionalen Treiber des Konfliktes. Wenn diese bekannt sind, kann man sie adressieren und – soweit möglich – eine

© Springer Fachmedien Wiesbaden GmbH, ein Teil von Springer Nature 2019   27
W. Inderbitzin, *Führung an Hochschulen aktiv gestalten*, essentials,
https://doi.org/10.1007/978-3-658-23135-4_6

Lösung finden oder zumindest der persönlichen Befindlichkeit Aufmerksamkeit schenken. Lösungen für die rein objektiven Sachverhalte (z. B. zu wenig Budget) lassen sich mit Menschen, die nicht mehr emotional „aufgeladen" sind, viel einfacher finden – nicht selten verflüchtigt sich der Streit von selbst.

Versuche, Konflikte schriftlich zu bereinigen, sind meistens vergeblich. Man schreibt sich E-Mails mit langen und differenzierten Ausführungen, zu Unzeiten am Freitagabend mit Antwort zurück am Sonntag, mit immer weiter um sich greifenden Kopien an Kollegen und Vorgesetzte, verwendet auch vermehrt die Option „blind copy", und innerhalb kurzer Zeit sind alle Angehörigen der Organisation virtuelle Zuschauer eines Spektakels. Dessen Ursache – nämlich ein Konflikt – wird dadurch immer schwieriger zu lösen sein. Die beschriebene Art der Auseinandersetzung mag geprägt sein vom wissenschaftlichen Diskurs mit schriftlicher Replik und Duplik, sie eignet sich aber in keinem Fall für die Bereinigung von Meinungsverschiedenheiten! Kontroverse Auseinandersetzungen via E-Mail sind in keinem Fall geeignet, eine irgendwie geartete Lösung zu finden. Im Minimum sollten die Parteien telefonieren, zielführender ist aber immer eine persönliche Aussprache, von Angesicht zu Angesicht. Dabei gilt es, aufmerksam zuzuhören und die Position des Kontrahenten zu verstehen. Sehr oft ist die eigene Sichtweise geprägt von lückenhaften Informationen und Vorurteilen. Gleichzeitig gilt es aber auch, in der Sache hart und konsistent zu bleiben. Es gibt keine einfache Regel, ob und wann ein Konflikt eskaliert oder gütlich beigelegt werden soll. Diese Entscheidung muss ad hoc und in der Situation getroffen werden. Im Idealfall gelingt eine Lösung – im Minimum ist ein Status quo möglich auf der Basis von: „Ich bin zwar immer noch anderer Meinung, aber ich verstehe nun, was Du meinst und was die Auswirkungen auf Deine Arbeit sind." (Pfeffer 2011, insbesondere Kap. 9).

6.2   Der Chef als Mediator

Falls solche Gespräche zu nichts führen und die Positionen sich verhärten, ist eine Eskalation an die vorgesetzte Stelle nicht zu vermeiden. Der Dekan, die Departementsleiterin, der Rektor etc. kann oft die Rolle eines unabhängigen Mediators nicht wirklich wahrnehmen. Die Vorgesetzten sind zu stark in die Organisation eingebunden, haben in den anliegenden Streitsachen ein irgendwie geartetes Weisungsrecht und sind meistens mit den streitenden Parteien in vielfältiger Weise wieder verbunden. Noch anspruchsvoller wird die Schlichtung eines Streits, wenn Vorgesetzte in einer anliegenden Sache selbst Partei sind. In der Praxis wird man als Chefin oder Chef trotzdem häufig in diese Schiedsrichterrolle gedrängt und muss daraus etwas machen, ohne Leichen am Wegrand zu hinterlassen. Natürlich gibt es keine Garantie, unbeschadet aus solchen Streitsachen herauszukommen, vor allem bei schwerwiegenden Konflikten, aber einige Regeln können schon hilfreich sein.

Eine Lösung eines Konfliktes kann nicht darin bestehen, alle zu befriedigen. Ein Kompromiss, auf den sich alle einigen, macht nur Sinn, wenn er nicht auf Kosten der Qualität einer Entscheidung geht. „Faule" Kompromisse werden in der Hochschule sehr schnell erkannt und schaden dem Ansehen der Entscheidungsinstanz, sei das eine einzelne Person (z. B. der Rektor) oder ein Gremium (z. B. die Hochschulleitung).

Eine nachhaltig wirksame und tragfähige Entscheidung zu treffen aus einer Konfliktsituation heraus ist durchaus möglich, erfordert aber die Beachtung von Voraussetzungen

- Bevor eine Entscheidung getroffen, sozusagen der Schiedsspruch gefällt wird, sollten die streitenden Parteien aufmerksam und ausführlich angehört werden. Sie müssen spüren, dass der Chef/die Chefin sich tatsächlich um eine umfassende Kenntnis und Beurteilung aller anstehenden Sachverhalte bemüht. Das kann auch bedeuten, dass man sich als Chef Informationen anhört, die schon hinlänglich bekannt sind, aber es ist wichtig, das Interesse an den Argumenten nochmals zu bekunden.
- Je emotionaler ein Konflikt wird, desto „aufgedrehter" wird die Sprache, die Darstellung von Fakten mischt sich mit persönlichen Spitzen und Anfeindungen, oft auch gegenüber Vorgesetzten. Umso wichtiger wird, dass der oder die Vorgesetzte nicht selber diese Tonlage aufnimmt und mit gleicher Münze zurückzahlt, sondern im Gegenteil bei Beteiligten Höflichkeit einfordert und persönliche Anfeindungen im Keim erstickt.
- Nach erfolgter Darstellung aller Fakten und Argumente kann und muss entschieden werden. Die Entscheidung muss auf soliden Fakten und Analysen beruhen und objektiv begründbar sein. Wohl wird die unterlegene Partei auch bemüht sein, ebensolche objektiven Fakten und Analysen vorzubringen, aber die von der Entscheidungsinstanz schließlich gewählte Option kann nicht irgendeine Fantasielösung sein.

• Die Entscheidungen dürfen auf keinen Fall lange Zeit unerledigt gehalten werden. Gerade wenn sie unangenehm sind, ist kein Aufschub möglich. Die Kommunikation an die direkt Betroffenen sollte, wenn immer möglich, mündlich erfolgen, wenn nötig mit einer nachgelieferten ausführlichen schriftlichen Begründung. Schriftlichkeiten sind präziser als mündliche Formulierungen, in denen oft Zweideutigkeiten vorhanden sind.

6.3   Loyalitätskonflikte

Personen in Führungsverantwortung einer Hochschule befinden sich oft in Situationen, die offen oder latent einen Loyalitätskonflikt zwischen der Hochschule und der vorgesetzten Stelle beinhalten. Zum Beispiel erlässt die Aufsichtsbehörde, der Hochschulrat oder das Ministerium, Vorgaben, die der Präsident oder die Rektorin auszuführen hat. Gleichzeitig erwarten die Hochschule und die Professorenschaft, dass er oder sie die Interessen und die „Autonomie" der Hochschule verteidigt, im Extremfall durch Verweigerung des Gehorsams. Bei solchen Anordnungen von oben kann es sich um finanzielle Einsparungen handeln, um Eingriffe in das Personalrecht, um Veränderungen im Leistungsangebot, zum Beispiel Schließung von Studiengängen, und viele andere Dinge mehr.

In diesem Sinne sind Führungspersonen latent immer einer doppelten Loyalität verpflichtet: Hier die Hochschule, aus der man kommt und der man oft jahrzehntelang angehörte, dort der Dienstherr, der alle Rechtsmittel zur Disziplinierung in der Hand hat

• Es gibt keine einfachen Musterlösungen für solch schwierige Konflikte! Grundsätzlich gilt natürlich, dass der Rektor sehr wohl die Interessen der Hochschule zu vertreten hat, er sich aber klaren Anweisungen, in schriftlicher Form mit Terminen und anderen Detailvorgaben, nicht entziehen kann. Dies allein schon deshalb nicht, weil das Beispiel einer Gehorsamsverweigerung in ihrer Wirkung nach innen weitreichende Konsequenzen hätte: Warum soll ein Institutsleiter oder ein Dekan einer rektoralen Anweisung Folge leisten, wenn der Rektor seinerseits nicht ausführt, was der Hochschulrat anordnet?

- Die Lösung von Konflikten mit der vorgesetzten Stelle muss primär über direkte Gespräche laufen. Auch hier empfiehlt es sich nicht, auf schriftlichem Wege zu verhandeln und umfangreiche Dokumente zu verfassen mit Argumentarien und zahlreichen Begründungen. Wenig hilfreich ist auch, wenn die Hochschule die Öffentlichkeit sucht, zum Beispiel Medien informiert, oder scheinbar wohlmeinende Politiker mobilisiert. Insbesondere Medien sind sehr unzuverlässige „Bündnispartner" und schnell bereit, einen Konflikt groß auszuschlachten, sie sind aber meistens an der Eskalation und nicht an der Lösung eines Streits interessiert.

- Bei den Gesprächen mit der vorgesetzten Stelle wird das verantwortliche Leitungsorgan, d. h. der Rektor oder die Rektorin, oft feststellen, dass die Entscheidungen noch nicht in allen Teilen durchdacht sind, viele Details aus der Hochschule nicht beachtet wurden und deshalb Spielraum für Anpassungen besteht (in aller Regel sind Detailkenntnisse über Abläufe und Zusammenhänge in der Hochschule bei der vorgesetzten Stelle nicht oder nur rudimentär vorhanden). In keinem Fall sollte der Rektor oder die Hochschulleitung in vorauseilendem Gehorsam Dinge in Angriff nehmen, die nicht wirklich detailliert durchdacht und beschlossen sind!

- Falls tatsächlich einschneidende Vorgaben entschieden wurden, nachdem der Rektor – ergebnislos – Gespräche führte, muss die Hochschule verlangen, dass die Entscheidungen der vorgesetzten Stelle öffentlich kommuniziert werden unter dem Briefkopf der verantwortlichen Stelle (Hochschulrat, Minister) und mit Namen und Unterschrift der verantwortlichen Person.

- In der Folge ist auch eine ausführliche interne Information und Kommunikation möglich. Mittels schriftlicher Kommunikation kann präzise und detailliert informiert werden und man erreicht auch alle Hochschulangehörigen. Wenn immer möglich sollte dies begleitet werden durch Versammlungen oder Informationsveranstaltungen, wo der Rektor oder die Rektorin auftreten kann. Das mag unangenehm sein – eine Leitungsperson wirkt dabei aber auch authentisch und anfassbar. Auch wenn eine „Niederlage" eingestanden werden muss, haben die Hochschulangehörigen in der Regel nach persönlichen Informationen und Aussprachen mehr Verständnis, als wenn nur schriftlich informiert wird.

- Unter allen Umständen vermeiden sollte die Hochschule, dass eine schlechte Nachricht (z. B. eine unbeliebte Maßnahme des Hochschulrates) zuerst via Presse an die Öffentlichkeit gelangt. Presseartikel sind meistens unpräzise und tendenziös zugespitzt. Die Hochschule hat in diesem Fall dann die unangenehme Aufgabe, nicht nur die „bad news" intern zu kommunizieren, sondern auch noch die Verlautbarungen der Presse zu korrigieren – ein schwieriges Unterfangen.

Kommunikation aktiv gestalten 7

7.1 „Leadership ist Kommunikation"

Die in den vorherigen Abschnitten beschriebenen Funktionen und Aufgaben, die in einer Führungsposition wahrgenommen werden, sind ohne schriftlichen oder mündlichen Austausch mit anderen Menschen undenkbar. Der in der Literatur oft postulierte Satz „Leadership ist Kommunikation" ist richtig insofern, als die Inhalte von Leadership – Ideen, Visionen, Entscheidungen etc. – mitgeteilt und erläutert werden müssen, und dies oftmals in vielen Wiederholungen. Genauso richtig aber ist, dass ohne Inhalte jede Kommunikation sinnlos ist und im Gegenteil zur schalen Farce und damit kontraproduktiv wird.

Grundlegend für Leadership in der Kommunikation ist die Erkenntnis, dass man nicht nicht kommunizieren kann! Wie auch immer sich Leitende oder Leitungsorgane verhalten, sie werden innerhalb und außerhalb der Organisation wahrgenommen und ihr Verhalten wird interpretiert werden. Auch wer nichts sagt, kommuniziert! Dem Austausch mit anderen Menschen kann man nicht ausweichen und deshalb erfordert die mündliche, schriftliche – heute oft elektronische – Kommunikation größte Aufmerksamkeit.

Nicht nur Hochschulen stehen heute vor der Herausforderung, eine zweckmäßige und wirksame Kommunikation zu pflegen. Typisch für Hochschulen ist jedoch die Neigung der Hochschulangehörigen, sich in Sprache und Format in einer differenzierten, eher langatmigen Art und Weise zu äußern, sei es schriftlich oder mündlich. Wissenschaftlich sozialisierte Menschen haben die Neigung, Sachverhalte umfassend zu beschreiben, verschiedene Aspekte zu beleuchten und zu bewerten und dabei auch die in wissenschaftlichen Papers gängigen Formate wie Anmerkungen und Fußnoten zu benutzen. Dieser Stil setzt aber voraus, dass der Adressat der Botschaft sich ausreichend Zeit nehmen kann, die Inhalte aufzunehmen

© Springer Fachmedien Wiesbaden GmbH, ein Teil von Springer Nature 2019
W. Inderbitzin, *Führung an Hochschulen aktiv gestalten*, essentials,
https://doi.org/10.1007/978-3-658-23135-4_7

und zu verarbeiten, zum Beispiel als Zuhörer in einem Vortrag oder als Leser eines Artikels einer wissenschaftlichen Zeitschrift.

Im Führungsalltag einer Hochschule sind diese Voraussetzungen nicht gegeben! Ein Rektor, eine Dekanin oder ein Institutsleiter wird tagtäglich mit vielen Informationen in Form von Korrespondenz, Dokumenten, E-Mails usw. eingedeckt. Lange und unstrukturierte Texte erhalten deshalb weniger Aufmerksamkeit und werden im schlimmsten Fall ungelesen auf die Seite gelegt. Zweifellos sind inhaltlich und sprachlich präzise Texte mit sachlichen Begründungen wertvoll, aber sie müssen bezüglich Länge und Struktur den Adressaten angepasst werden. Der Text muss primär den Bedürfnissen und Möglichkeiten des Lesers gerecht werden und nicht den Ansprüchen des Schreibenden. Dabei kann bereits die Strukturierung eines Textes in Zusammenfassung (Management Summary) und Hauptstudie viel Erleichterung bringen. Die Regel, dass ein Thema auf maximal einer Seite beschrieben werden kann, gilt auch für Hochschulen. Die Führungspersonen in Hochschulen tun gut daran, solche Regeln konsequent einzufordern und natürlich auch für sich selber anzuwenden, auch wenn das Selbstverständnis des Wissenschaftlers und Forschers sich innerlich gegen solche Einschränkungen sträuben mag!

Ein großer Teil der Kommunikation innerhalb einer Organisation läuft über den schriftlichen bzw. E-Mail-Austausch ab. Diese Formen sind angesichts der Komplexität und der Fülle von Informationen unumgänglich. Wann aber ist eine mündliche Kommunikation, sei es persönlich oder per Telefon, sinnvoll – und wann nicht? Bereits ausgeführt wurde (Abschn. 6.1), dass Konflikte nie per E-Mail ausgetragen werden sollten. Schriftlichkeiten in Konfliktsituationen sind eigentlich nur angebracht, wenn es um ausführliche Informationen mit konkreten Sachverhalten geht, die mündlich gar nicht dargelegt werden könnten. Oder es handelt sich um Schriftlichkeiten im Sinne von endgültigen Entscheidungen, Wiedererwägungen, Anweisungen oder Verweisen. Daraus ersieht man auch leicht, dass schriftliche Kommunikation konnotiert ist mit rechtswirksamen Maßnahmen und dadurch eher nicht angemessen ist, wenn der Konflikt entschärft und einer Lösung zugeführt werden soll.

Ein direkter mündlicher Kontakt, entweder persönlich oder telefonisch, hilft oft, einen Streit zu de-eskalieren. Eine persönliche Begegnung hat den Vorteil, dass die Körpersprache des Gesprächspartners gelesen werden kann. Im Weiteren können bereits durch das Setting des Gesprächs – entweder formell im Büro oder etwas entspannter bei einem Essen – bestimmte Zeichen gesetzt werden.

Kommunikation ist immer ein Austausch in zwei Richtungen. Die Leitungsorgane sollten nicht nur Botschaften senden, sondern auch zuhören. Leadership in Kommunikation zeigt sich auch darin, geeignete Formen und Wege zu finden, in die Organisation hineinzuhören und sensibel Entwicklungen, allenfalls Misstöne frühzeitig wahrzunehmen. Je größer eine Organisation wird, desto mehr stützt sich die Kommunikation auf den schriftlichen Austausch innerhalb der Organisation. Über schriftliche – oder digitale – Plattformen kann durchaus ein Zuhören organisiert werden. Wesentlich eingängiger ist aber der persönliche Austausch, den die Leitungsorgane mit den Angehörigen der Organisation pflegen. Hierfür gibt es zahlreiche informelle Gelegenheiten, die genutzt werden müssen. Bei großen Organisationen ist unvermeidlich, dass die obersten Chefs weit entfernt vom konkreten Betrieb sind und deshalb weniger gut informell angesprochen werden können. Deshalb sind alle Gelegenheiten, die eine persönliche Präsenz der Angehörigen der Hochschulleitung und des Rektors rechtfertigen, ausführlich zu nutzen. Es kann aber auch notwendig sein, gezielt Gelegenheiten zu informellen Gesprächen zu schaffen. Je nach Größe der Organisation sind es unterschiedliche Formen: Zum Beispiel der Betriebsausflug und das Weihnachtsessen eines Instituts, die halbjährliche Informationsveranstaltung für alle Fakultätsangehörigen oder das Frühstück mit dem Rektor, wiederkehrend für einen kleineren Kreis von Interessenten – Möglichkeiten und Formen sind vielfältig und variierbar. Auch wenn der Zeitaufwand für die Leitenden groß ist und oft der Eindruck entsteht, dass kaum Neues zutage gefördert wird, es wird so ein Zeichen der Offenheit und der Dialogbereitschaft gesetzt, das von sehr großem Wert ist.

7.2 Kommunikation nach außen

Dank der modernen technischen Hilfsmittel ist Kommunikation innerhalb einer Organisation sowie zwischen der Organisation und der breiten Öffentlichkeit außerordentlich schnell, vielfältig und komplex geworden. Die Grundlagen der Kommunikation (Botschaften, Zielgruppen, Instrumente) sollten in einem konzeptionellen Grundlagenpapier festgehalten werden. Gleichzeitig braucht es minimale Regelungen der Zuständigkeiten (Wer spricht für die Organisation in welchen Angelegenheiten?) und für den Einsatz von Social Media. Es ist eine wichtige Aufgabe der Leitungsorgane, diese konzeptionelle Grundlagenarbeit zu führen und permanent weiterzuentwickeln. Darüber hinaus erfordert aber Leadership in der Kommunikation weitere Inputs, welche eine Organisation – positiv oder negativ – prägen.

Organisationen werden von Menschen geprägt und in der öffentlichen Wahrnehmung auch so wahrgenommen. Leitungsorgane – meistens sind es einzelne herausragende Personen – geben der Organisation ein „Gesicht". Durch ihre Tätigkeit, ihre Visionen und persönlichen Einschätzungen und ihre Kommunikation in relevanten Netzwerken vermitteln sie Farbe und Konturen. Diskussionsbeiträge in den Medien, Referate, Mitwirkung in Workshops oder in Vereinigungen außerhalb der Hochschule sind Möglichkeiten, über die eigene Organisation (die Hochschule, die Fakultät, das Institut oder den Studiengang etc.) zu berichten, Chancen und Herausforderungen aufzuzeigen, damit Positionen zu beziehen und im Gespräch zu bleiben. Eine Organisation, über die man in der Öffentlichkeit nie etwas hört, gerät in Vergessenheit und verliert in der öffentlichen Wahrnehmung an Reputation.

An Hochschulen trifft man oft auf eine falsche Bescheidenheit von Führungspersonen, die nur zögernd über Themen sprechen wollen, welche außerhalb ihrer eigenen engen Fachkompetenz liegen. Diese Hemmschwelle ist unbedingt zu überwinden! Leadership erfordert Kommunikation, das heißt auch die Bereitschaft, sich zu exponieren und öffentlichen Widerspruch zu riskieren. In kluger Art Widerspruch auszulösen ist in jedem Fall besser für das Ansehen der eigenen Organisation, als sich durch Schweigen bedeckt zu halten.

Nicht bedeckt halten können sich Leitungsorgane bei kritischen Vorfällen, welche die Organisation betreffen. Schlechte Nachrichten, Fehlverhalten, aber auch interne oder externe Kritik an Abläufen oder der Führung erfordern die Präsenz der Leitung. In keinem Fall ist diese Auseinandersetzung delegierbar an Kommunikationsverantwortliche. Natürlich erfordert die konkrete Situation eine Abwägung der Schwere des Falles und darauf gestützt die Regelung der Kommunikation. Es empfiehlt sich, dass möglichst kompetente und angesehene Mitglieder der Leitungsorgane bzw. der Rektor selber die Krisenkommunikation übernehmen. Wenn subalterne Mitarbeitende vorgeschickt werden, entsteht schnell der Eindruck, dass sich die obersten Chefs drücken wollen.

Von besonderer Bedeutung ist die Wahrnehmung von Verantwortlichkeiten. Auch wenn die obersten Chefs für Pannen in nachgelagerten Abläufen nur indirekt zuständig sind, so sind sie trotzdem gefordert, die Verantwortung zu übernehmen und nach innen und außen zu signalisieren, dass dem Problem Aufmerksamkeit geschenkt wird und die entsprechenden Maßnahmen getroffen werden. Leadership bedeutet in hohem Maße Schutz und Unterstützung für die Mitarbeitenden, auch wenn diese Fehler verursacht haben. In keinem Fall kann sich ein „Leader" aus der Schusslinie nehmen mit Argumenten wie „Da kann ich nichts dafür, das haben andere verbrochen …".

Sich selber führen 8

Leadership kann von Einzelpersonen oder von Leitungsgremien ausgehen, am Ursprung von Leadership stehen aber immer einzelne Menschen, auch in einem Leitungsgremium. In einem Gremium können sich die Leadership-Qualitäten der Einzelnen ergänzen und verstärken. Wenn aber die einzelnen Angehörigen eines Leitungsgremiums keinen Willen und keine Fähigkeiten zu Leadership aufbringen, wird auch das Gremium keine entsprechenden Qualitäten entwickeln.

Oft werden Misserfolge in der Führung auf schlechte, ineffiziente und intransparente Strukturen zurückgeführt: „Wenn nur die Organisation weniger starr wäre, hätten wir sehr wohl unsere Ziele erreicht!" oder „Der Hochschulrat ist dermaßen unqualifiziert – da kann ja keine Zusammenarbeit entstehen!". Solche und ähnliche Erklärungen sind meistens nicht gerechtfertigte Ausflüchte. Wer in schlechten Strukturen nicht Leadership übernehmen kann, wird auch in den wunderbarsten, völlig klaren und einfachen Organisationen nur mäßig erfolgreich sein! Leadership beginnt bei der einzelnen Person. Friedrich Dürrenmatt schreibt in einem Essay: „Was geschieht bist du." und fügt mit seinem einzigartigen, maliziösen Humor hinzu: „Es geschieht dir recht". Der Kontext von Dürrenmatt[1] ist allerdings nicht primär Leadership, sondern das menschliche Verhalten an sich. Trotzdem gibt diese Formulierung treffend die zentrale Herausforderung einer Leadership-Position wieder.

Niemand wird zum Leader geboren! Menschen sind zwar mit mehr oder weniger passenden Anlagen ausgestattet, Leadership-Qualitäten entwickeln sich normalerweise erst durch Erfahrungen und in einem Lernprozess, der im Laufe

---

[1]Friedrich Dürrenmatt [1996] Gesammelte Werke, Band 7, Essays und Gedichte: Philosophie und Naturwissenschaften, S. 595.

der Zeit zu Verhaltensänderungen führt. Damit dies geschehen kann, braucht es zwei Voraussetzungen: 1. ein Wille zu Leadership, und 2. die Fähigkeit, sich selber zu führen und persönlich weiterzuentwickeln.

Wer sich aus tiefstem Grunde seiner Seele nicht mit der Führung von Personen oder Organisationen auseinandersetzen will, kann auch keine Leadership-Qualitäten entwickeln. Es empfiehlt sich in keinem Fall, solche Menschen zu Führungsaufgaben zu überreden oder zu zwingen!

Leadership ist aber auch wesentlich bestimmt von der eigenen Person mit all ihren Eigenschaften, Fähigkeiten, Stärken und Schwächen. Es braucht die Fähigkeit, sich selber zu führen und kritisch zu reflektieren. Dies ist eine hohe Anforderung und erfordert gegebenenfalls die Unterstützung durch externe Feedbackgeber oder Coaches. Weiterbildungen zum Thema Leadership durch Seminare und Lehrgänge können als Einstieg in die Thematik hilfreich sein. Sie können aber nie das Lernen durch eigene Erfahrung ersetzen.

Leadership baut auf der individuellen, ganz spezifischen Persönlichkeit des Führenden auf. Die reichhaltige, oft etwas glorifizierende Literatur zu herausragenden Persönlichkeiten kann inspirieren, aber auch dazu verleiten, einen bestimmten Typus von Leadership kopieren zu wollen. Leadership ist nur dann authentisch, wenn sie mit der Persönlichkeit der jeweiligen Person übereinstimmt. Wer eher in ruhig-intellektueller Art argumentiert und Anweisungen kommuniziert, soll bei diesem Stil bleiben, genauso kann es echt wirken, wenn jemand aus der Situation heraus mal nicht anders kann, als sich im Kasernenhof-Stil Gehör zu verschaffen! Das Oscar Wilde zugeschriebene Bonmot bringt es auf den Punkt: „Be yourself! Everyone else is already taken!" Das soll allerdings keine Entschuldigung sein für ein stures Festhalten an eigenen Unzulänglichkeiten.

Eine Leadership-Position ausfüllen kann man nur, wenn man in der Aufgabe einen echten Sinn sieht und wenn man für die Aufgabe genügend Kraft aufbringt. Es braucht eine Art „rationalen" Glauben an sich und die mitarbeitenden Kolleginnen und Kollegen, der gleichzeitig motiviert und produktive Lebendigkeit schafft. Sinn und Kraft sind die zwei Leitmotive der Selbstführung!

Die Frage nach dem Sinn einer Tätigkeit berührt zentrale Themen des eigenen Lebensentwurfes. Sie erfordert eine ungeschönte Auseinandersetzung mit sich selber und birgt das Risiko unangenehmer Entdeckungen. Warum arbeite ich zehn und mehr Stunden täglich? Lohnen sich der Stress und all die mühsamen Auseinandersetzungen? Gibt es motivierende Erfolgserlebnisse? Wenn auf solche und ähnliche Fragen keine überzeugenden Antworten vorliegen, ist es Zeit für eine Standortbestimmung. Dabei ist zu bedenken, dass einem der Sinn einer Aufgabe nicht einfach als Geschenk des Himmels zufällt, sondern wesentlich durch eigenes Gestalten mitbestimmt werden kann. In einer Leadership-Position ist es möglich, in einem größeren oder kleineren Rahmen den Inhalt einer Tätigkeit selber zu prägen. Visionen und Werthaltungen wirken sinnstiftend! Das können sowohl hochfliegende Ziele für die ganze Institution sein („Unsere Hochschule ist in fünf Jahren führend im Bereich von …"), persönliche Überzeugungen („Ich arbeite für junge Menschen und deren Zukunft!") als auch Werte des Zusammenarbeitens im Kleinen („In unserem Team pflegen wir eine kollegiale Feedbackkultur und lassen niemanden hängen."). Solche und ähnliche Ziele prägt ein Leader (mit) und stiftet damit für sich und andere Sinn.

Die Auseinandersetzung mit und die Suche nach dem Sinn einer Tätigkeit sind in hohem Maße auch Selbstmotivation. Mit einem Zielbild vor Augen – „In fünf Jahren werden wir an der Spitze stehen!" – erwächst die Kraft, die täglichen Strapazen zu überstehen. Selbstredend hängt es von der Strahlkraft dieses Zielbildes ab, wie weit es Menschen bewegt, motiviert tätig zu sein. Leadership erfordert, Visionen, Werte oder Ziele zu entwickeln und zu kommunizieren, die für sich selber und andere Kraft und Engagement auslösen.

Leadership-Positionen auszufüllen ist anstrengend. Einerseits ist eine gute physische Konstitution notwendig, andererseits aber erfordert Leadership auch mentale Kraft. Die Fähigkeit zur Konzentration ist unabdingbar. Damit ist gemeint, sich bei allem, was man tut, auf genau diese Aktivität zu konzentrieren: Wenn man in einem Gespräch zuhört, dann hört man zu! Wenn man liest, dann liest man! Wenn man ein Problem lösen muss, dann nur das! In unserer Zeit der Smartphones schwindet diese Fähigkeit dramatisch – mit verheerenden Auswirkungen: Unaufmerksamkeit, Oberflächlichkeit, Missverständnisse und dadurch Leerläufe sowie Zeit- und Ressourcenverschwendung sind die Folgen.

Eine wohl abgewogene Balance zwischen Arbeits- und Erholungsphasen ist unumgänglich für die Wahrnehmung von anstrengenden Leadership-Positionen. Lange Arbeitszeiten sind unvermeidlich, umso wichtiger ist der klare Schnitt zwischen Arbeit und Erholung. Die totale und immerwährende Verfügbarkeit ist eine moderne Unsitte, die kaum durch die Erfordernisse des Jobs gerechtfertigt werden kann. Auch in der anspruchsvollsten Leadership-Position sollte man sie vermeiden und deshalb Zeitfenster definieren ohne Notebook und Smartphone!

Je höher die Arbeitsbelastung wird, desto wichtiger werden die Qualität der verfügbaren Arbeitszeit und ein stringentes Zeitmanagement. Übertriebener Termindruck beeinträchtigt die Qualität der Arbeit. „Wenn du in Eile bist, gehe langsam!"[2] Leadership erfordert genügend Zeit zum Nachdenken und für

---

[2]Die Herkunft dieses Satzes ist nicht eindeutig. Er wird aber meistens dem chinesischen Philosophen Konfutse (551–479 v. Chr.) zugeschrieben.

konzeptionelle, grundlegende Arbeiten. Gerade an Hochschulen mit komplexen, von verschiedensten wissenschaftlichen Disziplinen getriebenen Problemstellungen sind Fokussierung und Konzentration von größter Bedeutung. Nur daraus entsteht die Sicherheit, in den zentralen Themen der eigenen Institution prägend mitzuwirken.

Zusammen mit klaren und Kraft verleihenden Zielen und Visionen ergibt sich daraus die notwendige mentale Stärke. Darunter ist die authentische und motivierende Überzeugungskraft einer Person oder eines Gremiums zu verstehen, die oder das in der Lage ist, den immer wieder mal aufkommenden Zweifeln am eingeschlagenen Weg zu begegnen und die Mitarbeitenden mitzunehmen.

Der Sinn einer Tätigkeit und die Kraft, diese auszufüllen, ergeben eine Kombination, die auch mutige Entscheidungen ermöglicht. Mutig sein kann nur jemand, der vom Sinn seiner Tätigkeit überzeugt ist. Mut ist dabei klar von einem Hasardspiel zu unterscheiden. Es sollen nicht mutwillig große Risiken eingegangen werden! Aber die Wahrnehmung von Entwicklungschancen einer Institution erfordert oft unkonventionelle Wege und Maßnahmen. Dafür müssen die Leitenden oder Leitungsorgane bereit sein, die oft lange und von Zweifeln geprägte Zeit bis zum erhofften Erfolg auszuhalten, und gegebenenfalls – wenn es schiefgeht – auch die Verantwortung für einen Misserfolg zu übernehmen. Der Erfolg hat bekanntlich viele Väter und Mütter, der Misserfolg ist ein armes Waisenkind! Zu diesem Risiko aber müssen Leitungspersonen und Leitungsgremien bereit sein.

Ein wichtiges Element der Selbstführung besteht im erfolgreichen Umgang mit Misserfolgen. Bei schönem Wetter als Kapitän auf der Brücke eines Schiffes zu stehen ist einfach, was aber wenn sich Pannen einstellen und gesteckte Ziele nicht erreicht werden? In Hochschulen übernehmen Professorinnen und Dozierende oft erst nach einigem Zögern Führungsaufgaben. Mit der Übernahme einer solchen Position geben sie viel auf: den Austausch mit langjährigen Kollegen und interessante Forschung, ja oft sogar geht der Anschluss an ihre wissenschaftliche Disziplin für immer verloren. Umso härter treffen sie Misserfolge, und die Versuchung ist groß, sich umgehend wieder aus der Führungsaufgabe zu verabschieden. Das Argument, sich doch wieder mehr seinem eigenen Fachgebiet zu widmen, wird in Hochschulkreisen sofort verstanden, und – nicht unwichtig – man verliert bei der Aufgabe der Führungsposition auch nicht gleich die Arbeitsstelle, sondern arbeitet in der gleichen Institution weiter, eine Regel, die es in der Privatwirtschaft nur in allerseltensten Fällen gibt.

Schnelle Rückzieher aus Führungspositionen sind an Hochschulen durchaus verbreitet. Aber wer schnell wieder aufgibt, tut weder sich selbst noch der Institution einen Gefallen! Führung heißt auch Durchhaltewillen und Widerstandskraft. Wer eine Führungsposition übernimmt, sollte sich deshalb bereits bei

Übernahme der Aufgabe darüber Gedanken machen, dass es Misserfolge geben wird und wie er oder sie mit Misserfolgen umgehen wird. Die Erfahrung zeigt, dass Menschen mit Schicksalsschlägen, Pannen und Fehlern besser umgehen können, wenn sie solche möglichen Ereignisse einkalkulieren und sich mental darauf vorbereiten. „Einkalkulieren" soll nicht bedeuten, in pessimistischer Weise mit dem Schlimmsten zu rechnen! Aber es ist von großer Bedeutung, sich frühzeitig emotional auf die Möglichkeit eines Misserfolgs einzustellen. Und gleichzeitig ist die Erkenntnis wichtig, dass es keine Entwicklungen ohne Pannen gibt, dass – eigene oder von Mitarbeitenden verursachte – Fehler jederzeit passieren können. Tatsächlich gibt es sehr gravierende Fehler, die zu Recht zu personellen Konsequenzen führen, das heißt die verantwortliche Führungsperson ihr Amt zur Verfügung stellt. Das sind aber eher seltene und außerordentliche Ereignisse. Im Normalfall braucht es lediglich die Fähigkeit, nach einem Misserfolg wieder aufzustehen, unvoreingenommen die Ursachen dafür zu finden und – mit dem Team zusammen – Verbesserungen zu veranlassen.

Sich austauschen und unterstützen lassen

9

Führungspositionen sind einsam! Je größer die Führungsverantwortung wird, desto mehr Mitarbeitende stehen zwar für unterstützende Arbeiten zur Verfügung, der Kreis der echten Gesprächspartner wird aber immer kleiner. Mit dem Attribut „echt" sind Gesprächspartner gemeint, die auf gleicher Augenhöhe mit der Führungsperson Themen besprechen, widersprechen, Vertrauliches vertraulich halten und uneigennützig mit der „Nähe zum Chef" umgehen. Nicht selten entsteht eine Situation, bei der es im Umfeld des Leaders innerhalb der Organisation keinen Kollegen oder Mitarbeitenden mehr gibt, der oder die nicht in irgendeiner Weise voreingenommen ist.[1]

Wer als Mitglied eines funktionierenden Leitungsgremiums Führungsverantwortung trägt, hat die Chance, schwierige und belastende Fragen in diesem Gremium auszutauschen, in der Gewissheit, dass gegenseitiges Vertrauen Diskretion gewährleistet. Ein solcher Austausch ist von unschätzbarem Wert, stellt aber auch permanent hohe Anforderungen an das Gremium und dessen Mitglieder, die dieses konstruktiv-vertrauensvolle Verhältnis untereinander pflegen und immer wieder neu ausloten.

Die kritische Reflexion über die eigene Position erfordert aber zwingend von Zeit zu Zeit eine Auseinandersetzung mit einer Außensicht, mit Widerspruch und einer neuen Perspektive. Viele Führungspersonen führen solche Gespräche im vertrauten Freundes- oder Familienkreis außerhalb der Organisation. Das kann hilfreich sein, belastet aber ein wichtiges Feld, welches für die individuelle Erholung und das Abschalten eigentlich freigehalten werden sollte. Eine Alternative ist, sich professionelle Unterstützung zu holen, zum Beispiel durch das

---

[1]Das Märchen „Des Kaisers neue Kleider" von Hans Christian Andersen wurde 1837 veröffentlicht und ist unverändert aktuell.

© Springer Fachmedien Wiesbaden GmbH, ein Teil von Springer Nature 2019   43
W. Inderbitzin, *Führung an Hochschulen aktiv gestalten*, essentials,
https://doi.org/10.1007/978-3-658-23135-4_9

Engagement eines Coaches. Dies ist keinesfalls ein Zeichen des Versagens oder der Schwäche, sondern klug und umsichtig.

Führungspersonen sollten deshalb in schwierigen, belastenden Führungssituationen nicht zögern, sich professionelle Unterstützung durch einen Coach zu holen. Dabei gilt es, zwei grundlegende Regeln zu beachten

- In einem Coaching-Prozess tragen beide Beteiligten, der Coach und die gecoachte Person, dazu bei, ein gemeinsam definiertes Ziel zu erreichen. Der Coach hat die besondere Aufgabe, blinde Flecken aufzudecken und auf eventuell verdrängte Problemfelder hinzuweisen. Der Coach kann aber nicht den Weg zum Ziel oder die Lösung eines Problems liefern. Diese Aufgabe verbleibt immer bei der Person, die sich coachen lässt. Mithilfe des Coaches wird dies aber einfacher und etwas weniger beschwerlich.
- Wer im Hochschulbereich arbeitet, braucht einen Coach, der Kultur und Spezifikationen einer Hochschulorganisation kennt. Falls es sich um eine staatliche Hochschule handelt, muss der Coach mit den Mechanismen der Politik und der Verwaltung inklusive des einschlägigen Rechts, vor allem im Bereich des Personals, vertraut sein. Wenn diese Voraussetzungen fehlen, besteht die Gefahr, dass Lösungsmöglichkeiten oder Alternativen erörtert werden, die nicht umsetzbar sind.

Was Sie aus diesem *essential* mitnehmen können

- Führung basiert auf dem Verständnis von Leadership, welche Richtungen vorschlägt und mit den Menschen in einen Diskurs eintritt, den Kontext der Hochschule versteht und Veränderungen als Herausforderung aufnimmt und richtig gestaltet.
- Die Führung von Strategieprozessen unter Beteiligung der Hochschulangehörigen bedeutet die Moderation eines Diskurses, der in Entscheide mündet und mit der Umsetzung der Entscheide abgeschlossen wird.
- Auf dem Weg der Veränderungen sind Leitungspersonen immer mit Entscheidungen befasst. Diese sind vorzubereiten und zu moderieren. Dabei ist der wissenschaftlich geprägten dialektischen Diskussionskultur einer Hochschule Rechnung zu tragen.
- Konflikten zwischen Menschen kann mit richtigem Verhalten, welches auch die emotionalen Treiber eines Konfliktes einbezieht, konstruktiv begegnet werden.
- In Führungspositionen ist richtige und zweckmäßige Kommunikation nach innen und außen unerlässlich.
- Kraft und Stärke der Führung setzt eine Reflexion über die eigene Persönlichkeit voraus und reflektiert auch den Sinn der übernommenen Aufgabe.

© Springer Fachmedien Wiesbaden GmbH, ein Teil von Springer Nature 2019   45
W. Inderbitzin, *Führung an Hochschulen aktiv gestalten*, essentials,
https://doi.org/10.1007/978-3-658-23135-4

Literatur

Benyoëtz, E. (2002). *Der Mensch besteht von Fall zu Fall.* Leipzig: Reclam.

Böhmer, M. (2014). *Die Form(en) von Führung, Leadership und Management.* Heidelberg: Carl Auer.

Dürrenmatt, F. (1996). *Gesammelte Werke.* Zürich: Diogenes.

Hanft, A., & Maschwitz, A. (2017). Hochschulen in Reformprozessen – Managen oder führen? In L. Truniger (Hrsg.), *Führen in Hochschulen* (S. 51–67). Wiesbaden: Springer.

Inderbitzin, W. (2012). Hochschulfusion als Veränderungsprozess. In D. Eberhardt (Hrsg.), *Like it – lead it – change it.* Berlin: Springer.

Janssen, B. (2016). *Die stille Revolution, Führen mit Sinn und Menschlichkeit.* München: Ariston.

Kotter, J. P. (1990). *How leadership differs from management.* New York: Simon & Schuster.

Loprieno, A. (2016). *Die entzauberte Universität. Europäische Hochschulen zwischen lokaler Trägerschaft und globaler Wissenschaft.* Wien: Passagen.

McCaffery, P. (2010). *The Higher Educations Manager's Handbook. Effective leadership and management in universities and colleges.* New York: Routledge.

Mintzberg, H. (2007). *Tracking strategies, toward a general theory.* New York: Oxford University Press.

Morell, M., & Capparell, S. (2008). *Shackletons Führungskunst.* Hamburg: Rowohlt.

O'Reilly, C. A., & Tushman M. L. (2008). Ambidexterity as a dynamic capability: Resolving the innovator's dilemma. In A. P. Brief & B. M. (Hrsg.), *Staw Research in Organizational Behavior: Bd. 28,* (S. 185–206). Oxford: Elsevier.

Pfeffer, J. (2011). *Macht. Warum manche sie haben und andere nicht.* Kulmbach: Börsenbuchverlag.

Sprenger, B., & Novotny, T. (2016). *Der Weg aus dem Leadership Dilemma.* Heidelberg: Springer.

Sprenger, R. K. (2012). *Radikal führen.* Frankfurt a. M.: Campus.

Truniger, L. (2017). Schlaglichter auf Entwicklungen und Differenzierungsprozess in Hochschulen. In L. Truniger (Hrsg.), *Führen in Hochschulen* (S. 15–29). Wiesbaden: Springer.

Wilhelm, R. (1975). *Konfuzius. Gespräche* (Übers.). Düsseldorf: Eugen Diederichs.

Yukl, G. (2013). *Leadership in organizations.* Essex: Pearson Education.

© Springer Fachmedien Wiesbaden GmbH, ein Teil von Springer Nature 2019   47
W. Inderbitzin, *Führung an Hochschulen aktiv gestalten,* essentials,
https://doi.org/10.1007/978-3-658-23135-4